LEARN FROM DRIVING THE CAR

クルマの運転から学べる
誰も教えてくれない仕事術

指導運転士教育コンサルタント
吉谷始展

はじめに

「事はひとつ」という言葉を聞いたことがあると思います。何事も本質的には共通しているという意味で、何かひとつ事を成せる人は、他のことでもできるということです。ある事業を成功させた人が、その手腕を買われて、まったく違う分野にヘッドハンティングされたりするのはそのためです。

その人たちは、事業を進めるのに必要な共通の要領を心得ていて、やるべきこととそのタイミングをはかる感性を持ち合わせています。そして、人を引きつけて味方にするコミュニケーション術も持ち合わせているのです。人脈作りも上手です。このことは、業種に関係なく同じです。

ところで、近年の日本の学校教育では、知識の詰め込み教育が批判され、無理をさせない教育に転換されたため、教わるレベルも内容も減らされ、身体も脳も鍛えられず、結果として、理数系を中心に知識や応用力が低下し、体力までもが低下しています。さらに、ゲーム世代で人とのコミュニケーションをうまくとれない人が増え、複雑に絡まる社会に対応できない人が多くなってしまいました。

このような環境で育った人たちが仕事が「できる人」になるには、学校で得られなかった応用力＝実践力と感性を自ら鍛え、コミュニケーション力を高めて、タフな脳をつくりあげる必要があります。

会社で仕事を進めるうえでは、目標設定、周囲の状況把握、現状分析、生じるかもしれない事態の予測、そして予測にもとづく対応を適切なタイミングで、かつ連続的におこなっていくマネージメント力が必要です。しかし、これらのマネージメント力が、多くのビジネスパーソンに欠けているのです。

「できる人」になるためには、その要素を理解して自然と頭が回ってくれるように、脳トレーニングをし、感性を高めていくことが必要です。その脳トレーニングに最適な手段として、日常的におこなっているクルマの運転を活用したいのです。

私の仲間で会社を経営している人や、リーダーとなって活躍している人たちの多くは、クルマの運転が好きですし、大変上手です。クルマを意のままにコントロールするマネージメント感覚が、経営感覚とマッチするのでしょう。クルマに対するこだわりもありますし、交通の状況や周囲のクルマとの間合いをうまくとりつつ、街中を円滑に走り抜けたいという願望と、仕事を円滑に進めていきたいという願望が共通しているのです。

クルマの運転は、感性の他、経験も重要な要素なので、仕事のできる人が必ずしもクルマの運転が上手とは言えません。しかし、前述の通り、クルマの運転が上手ならば、かなりの確率でビジネスでもイニシアティブをとれる感性を持ち合わせた、いわゆる「できる人」候補だと言えます。

さらに、運転においては当然、快適な走行が実現します。友人などから「運転うまいね」「安心して乗っていられるね」と信頼されるようになり、地球に優しいエコドライブも実現し、真のリーダーとしての資質が備わっていくのです。

本書では、仕事力をクルマの運転力と対比させ、仕事術をわかりやすく説明し、不足している意識や能力に気づいて、感性のアップを図れるような運転能力向上テクニックを紹介しました。

最初のうちは、クルマの運転において、かなり意識的におこなわなければならない動作などがありますが、それが自然とできるようになれば、仕事を進めるうえでのポイントや確認しなければならないタイミングなど、他の人では気がつかない点に、自然と気がつくようになります。

すなわち「気が利く人」「先が読める人」「思いやりの持てる人」としてリーダーシップをとれる「できる人」になるということは、人間力（人としての本質）も高めるということです。

本書がその一助となることを願っています。

二〇〇八年三月

吉谷　始展

CONTENTS

クルマの運転から学べる
誰も教えてくれない仕事術

第2回

仕事術講座 情報発信

自分の意思ははっきり伝える

第3回

仕事術講座 情報収集
周囲の状況を敏感にキャッチする

第4回

仕事術講座 予測力

相手の動きを予測する

第5回

仕事術講座 決断力と実行力

一度決めたら迷わず行動する

PART 1

仕事力診断

普段の運転から、あなたの仕事力レベルを知る

どんなビジネスパーソンになりたいか。仕事術の向上は、周囲を意識することからはじまります。クルマの運転も、自分が単にクルマを動かすだけではなく、周囲の交通状況との兼ね合いがポイントになります。今のレベルを知って、スキルアップのポイントを理解しましょう。

仕事力診断テスト

あなたの運転のしかたから、現在のあなたの仕事力を診断します。普段運転している状態を思い起こして、以下の20の質問にYesかNoで答えてください。

Q	質問内容	CHECK	
1	人を乗せるときは、車を綺麗に掃除する	YES	NO
2	駐車スペースには、斜めにならないよう必ず真っ直ぐに入れる	YES	NO
3	一緒に乗っている人の乗り心地は、いつも考えて運転している	YES	NO
4	複数車線ある道路を走行するときは、空いている車線を選んで走る	YES	NO
5	自分がブレーキをかけるときは、必ず後ろの車をミラーで見る	YES	NO
6	エンジン音やタイヤの走行音などに敏感だ	YES	NO
7	トラックの後ろには、なるべく追随しない	YES	NO
8	一般の駐車場で、前向きを指定されていない場合は、必ずバックで停める	YES	NO

9	走行中、前の車の右左折のため速度を落としたり停止することがよくある	YES	NO
10	高速道路や側道から本線への合流時に速度を落として入ることが多い	YES	NO
11	他の車の流れが制限速度を超えそうでも、ある程度は流れに合わせて走る	YES	NO
12	右左折時には、必ず手前で幅寄せをしている	YES	NO
13	速度を落とすとき、アクセルからブレーキペダルへすぐに足を移し踏む	YES	NO
14	目的地への道順や混雑状況などを考え、当初の道順を変更することが多い	YES	NO
15	直前に割り込まれて、強めのブレーキを踏むことがしばしばある	YES	NO
16	駐車するときには、必ずドアミラーをたたむ	YES	NO
17	運転中は、状況にあったアクセルやブレーキの踏み方を研究している	YES	NO
18	前方にタクシーが走っていたら、空車か実車か確認する	YES	NO
19	前の車のナンバーや種類を、よく見るほうだ	YES	NO
20	時間があると、回り道でも走ったことのない道を走ってみることがよくある	YES	NO

仕事力診断：結果

それぞれの質問について、Yes / No で点数を計算してください。合計点であなたの「仕事力」がわかります。

Q	YES	NO	あなたの点数
1	5	2	
2	5	1	
3	5	2	
4	5	3	
5	5	3	
6	5	3	
7	5	2	
8	5	2	
9	1	5	
10	5	2	
11	5	3	
12	5	1	
13	2	5	
14	5	3	
15	1	5	
16	5	2	
17	5	2	
18	5	3	
19	5	3	
20	5	3	
		合計	／100

↓ あなたの仕事力レベルは?

LEVEL 1	経営者、総合プロデューサークラス	90 ～ 100 点
LEVEL 2	取締役、部長クラス	80 ～ 89 点
LEVEL 3	課長、部門長クラス	70 ～ 79 点
LEVEL 4	一般社員クラス	50 ～ 69 点
LEVEL 5	新入社員、スタッフクラス	0 ～ 49 点

あなたのレベルはどうでしたか。たとえ今の結果がレベル４でも気にする必要はありません。この本を読んで仕事のやり方を理解し、日々の運転を通してそのスキルを身につけていきさえすればよいのです。

次章からは「できる人」の感性と要領を身につけるためのノウハウを、運転と対比させながら理解しやすく記してあります。

まずは、仕事のやり方と運転の仕方の相関を理解して、運転の「うまい人」＝仕事の「できる人」を目指しましょう。

仕事力診断：解説

Q1　思いやり

人に気持ちよく過ごしてもらいたい、自分の車でリラックスさせたいと思う気持ちがあるか。

[参考] 第１回－２（p.28）、第２回－３（p.48）、第６回－２（p.140）、第７回－１（p.146）、５（p.156）、６（p.158）

Q2　配慮、リスク回避

後から来た車が停めやすいようにとの配慮や、ぶつけられないような考え方ができるか。

[参考] 第１回－３（p.30）、第２回－３（p.48）、７（p.56）、第６回－２（p.140）

Q3　パートナーの状況把握

一緒に行動している人が置かれている状況を常に把握しているか。

[参考] 第１回－２（p.28）、第２回－５（p.51）、第７回－１（p.146）

Q4　マネージメント

街中での走行では、左車線の駐停車車両や左折車の存在がスムーズな走行を妨げるから、流れているほうの車線を選ぶような臨機応変さがあるか。

[参考] 第２回－４（p.49）、第３回－１（p.66）

Q5　状況把握

自分の行動が周囲の動きとバランスが取れているかを意識し

ているか。万が一、追突される可能性は考えているか。
[参考] 第1回－3（p.30）、第2回－1（p.44）、2（p.46）、第3回－5（p.73）

Q6 現状把握

自分が使用するツールなどのコンディションに気を配れるか。
[参考] 第1回－7（p.40）、第4回－5（p.111）

Q7 マネージメント・リスク回避

先が見にくい状況をできるだけ避ける気持ちと、トラックのタイヤから飛んでくるかもしれない石に対する危険性を考えるか。
[参考] 第3回－2（p.67）、3（p.69）、5（p.73）、第4回－1（p.94）、3（p.98）

Q8 準備力

先々にはどんな事態が待ち構えているかわからないため、次の行動がよりスムーズに運ぶよう事前に態勢を整えようとする意識があるか。
[参考] 第1回－6（p.38）、第3回－7（p.83）、第7回－6（p.158）

Q9 マネージメント

全体を見渡す力、周囲の動きやタイミングをはかる力があるか。
[参考] 第1回－1（p.26）、第2回－4（p.49）、6（p.54）、第3回－5（p.73）

Q10 間合いをはかる

タイミングと周囲との相対的な間合いをうまくとれるか。
[参考] 第1回－3（p.30）、第3回－5（p.73）、第5回－4（p.129）、6（p.133）、第6回－1（p.138）

Q11　協調性

自分の主義主張と周囲に合わせる譲歩度を診断する。

[参考] 第２回－６（p.54）、第３回－５（p.73）

Q12　基本理解度

習得した基本事項をきっちり守って応用できるか。

[参考] 第１回－５（p.36）、第２回－１（p.44）、７（p.56）、第３回－４（p.71）、第５回－４（p.129）

Q13　思いやり

周囲への影響を考えながら行動できるか。

[参考] 第１回－２（p.28）、第２回－６（p.54）、第３回－５（p.73）

Q14　状況判断

よりよい方法をつねに考えているか。

[参考] 第３回－１（p.66）、３（p.69）、10（p.89）、第５回－５（p.130）

Q15　予測力

周囲の動きをとらえて、先の動きを読めるか。無意味な間合いをとっていないか。

[参考] 第１回－１（p.26）、第２回－４（p.49）、７（p.56）、８（p.58）、第３回－１（p.66）、４（p.71）、５（p.73）、第４回－２（p.96）

Q16　リスク回避

ミラーを引っかけられる「かもしれない」という疑いの考え方ができるか。

[参考] 第１回－３（p.30）、第４回－４（p.110）、第７回－６（p.158）

Q17　向上心

何事も工夫しようという気持ちがあるか。

[参考] 第1回－4（p.32）、第3回－5（p.73）、第4回－5（p.111）

Q18　探究心

表面だけにとらわれず、その性質などにも関心がいくか。

[参考] 第3回－2（p.67）、3（p.69）、4（p.71）、第4回－3（p.98）

Q19　想像力

得た情報から、さまざまな想像を働かせるか。

[参考] 第3回－2（p.67）、4（p.71）、5（p.73）

Q20　責任感

得た情報が正しいか、自分で確認しようとする意識があるか。

[参考] 第1回－6（p.38）、第3回－4（p.71）、8（p.85）、9（p.87）、第7回－5（p.156）

PART2

「できる人」が実践している仕事術

仕事力のレベルに応じて理解度が違ってくるのは、現在の能力差によるものです。能力がアップすれば、おのずと同じ文章から読みとる内容が深くなります。「できる人」とはどのような人なのでしょうか。クルマの運転から導かれた仕事術を自分の身に照らして考えてみてはいかがですか。

第1回

仕事術講座 基本

「できる人」とはどういう人なのか

1 「できる人」は運転がうまい

クルマの運転には、仕事の進め方と共通する部分がたくさんあります。クルマを街中でスムーズに走らせるためには、

①自己の目的地や進路、到達時刻などを明確に意識する
②まわりの交通状況や他車の状態を的確に把握する
③得た情報のなかから取捨選択して、周囲の動きを予測する
④予測した情報に対応したアクションを起こす
⑤起こしたアクションが正しかったかどうか検証する

という作業を、一瞬のうちに次々とこなしていかなければなりません。この作業を遅滞なくこなしてはじめてスムーズな運転が可能になるのです。仕事を進めるプロセスと何ら変わりがありません。

ただ漫然と運転し、操作が場当たり的になっていると、他のクルマの流れを止めて周囲の迷惑になるばかりか、曲がるべきところで曲がれなかったり、道を間違えたりしてしまい、最短距離・最短時間で目的地にたどり着くことはできません。最悪の場合、事故を起こしてしまうことさえあるのです。

変化の激しい環境のなかで、日々仕事を進めるリーダーは、身についた気配りを、クルマを運転しているときも無意識のうちに実行しています。まわりの状況をよくとらえて運転しているのです。

急な割り込みやブレーキングがあっても、ゆとりをもって回避できます。視界に入ってくる状況を分析し、いち早く他のクルマの動きを予測しながら運転しているからです。この予測力の違いが、仕事上でも大きな差として現れるのです。

「できる人」は、この予測力に長けていきます。運転が上手なのはそのためです。

オーナー社長仲間とゴルフなどに行くとき、よくクルマに乗せてもらうことがありますが、彼らの運転はかなりうまいと言えます。

何しろ社長になるぐらいの人たちです。周囲の状況を見きわめたり、自分がイニシアティブをとってクルマを操ったりすることなど、彼らにとっては朝飯前なのです。

彼らは、よく先を読み、起こるべき事態を予測しながら運転しています。ですから、まわりのクルマの走りを妨害することなく、自分のクルマを思い通りに操ることができます。

こうした能力は仕事と共通するマネージメント力なのです。仕事が「できる人」は運転もうまい。これは一面で真実を言い当てた表現だと思います。

2 「できる人」には思いやりがある

では、うまい運転とは何でしょうか。

ここではレーサーのような究極のテクニックを言っているのではありません。高速道路で無理な車線変更をくり返し、遅いクルマをごぼう抜きにして自己満足している人がいますが、これは決して上手な運転とは言えません。まわりのクルマに譲ってもらっているだけの〝裸の王様〟的状態であって、迷惑以外の何ものでもないからです。

エンジンをやたらに吹かし、急発進、急転回、急停車をくり返したりする運転は、職場で言えば、自分ひとりで大そうな仕事をしているような顔をしている人と同じなのです。

まわりの協力で支えられていることもわからず、自己満足している人です。「できる人」は、一緒に仕事を進めるパートナーへの思いやりを忘れません。仕事上、厳しい要求はするでしょうが、パートナーの仕事ぶりを観察し、しっかりリードし、サポートしています。

うまいドライバーも、同乗者の乗り心地を考え、思いやりのある運転を心がけるはずです。アクセルを必要以上に踏み込んで急加速したり、惰性を使わずいきなりブレーキに足をかけたりといったことがないため、助手席に乗っていても、一定時間での速度変化が少なく、安心して運転に身を委ねることができます。必要最低限かつ一定の速度で加速し、状況に応じて最低限の減速をする。したがって再加速も最低限ですむ。流れるような運転で、クルマの揺れもほとんど感じません。

クルマの運転の極意は、すべての動作において「過ぎない」ことです。加速し過ぎない、減速し過ぎない、ハンドル（ステアリング）を切り過ぎない。無駄な動きを排除した最低限度の速度変化を実現することは、思いやりのある運転をするうえで、基本となる要素です。実際、このことは、関係省庁が推奨するエコドライブの理にかなっています。乗り心地ばかりでなく、エンジンに余計な仕事をさせないので、燃料消費が少なくて済むと同時に、排気ガスのCO_2の量も抑えられるからです。

「できる人」になるためのひとつのポイントは、究極のエコドライブにも通じています。地球に優しく、同乗者にも周囲のクルマにも優しいからこそ、周囲からの信頼も得られると言えるのです。

3 「できる人」はまわりへの配慮ができる

仕事仲間にいつも不完全なまま仕事を回す人はいませんか。あなたはどんな気持ちでそれを受け取っているのでしょうか。その人の尻拭いで余計な時間と労力を費やしてしまいます。

「人にされていやなことは、自分もしない」。これは社会のあらゆる面で言えることですが、仕事を進めるうえでも大切な意識です。周囲に迷惑をかけないようにチェックを重ね、次の人の仕事がやりやすいようにしてバトンを渡す気持ちが大切です。

この気持ちは、運転においても、なめらかにクルマを操作するテクニックとともに、必要なことです。まわりの状況を把握し、他のクルマとコミュニケーションをはかる必要があります。相手が発するシグナルを見逃さず敏感にキャッチし、自分の次の行動につなげていく。こちらも周囲に積極的に情報を発信し、イニシアティブをとって周囲のクルマを動かしているかのように意識して運転するのです。

運転するときの心がけとしては、「人に迷惑をかけない運転をする」「まわりにわかりやすい運転をする」ということです。交通の流れにうまく乗り、一定の速度で走行し、自分が原因で流れが滞ったり、無理な割り込みでまわりのクルマに迷惑をかけたりしない。そのような配慮ができることです。

私自身、自分がされて嫌なことは他人にもしない。当たり前のことですが、それを信条としています。

もちろん、安全運転を心がけていることは言うまでもありません。しかし、それはつねに左側をゆっくり慎重に走るのとは違います。クルマの運転に慎重さは必要ですが、そればかりでは自分の安全性は確保できても、まわりのクルマに迷惑をかけていないとは言い切れません。流れを乱すノロノロ運転は、やはりうまい運転とは言えないのです。

うまい運転の極意は、沈着・細心・大胆です。この能力をバランスよくもった人が、「うまい運転」をする、仕事も「できる人」なのです。

4 「できる人」から盗め

仕事は運転と同じで、向上心があるとないとでは、雲泥《うんでい》の差となります。うまくなる秘訣は、何事もまず好きになって、もっとできるようになりたいと思うことからはじまります。

仕事は教えてもらうものと思っていませんか。よく「そんなことは、教えてもらっていません」などと先輩に食ってかかる人を見受けますが、仕事は先輩や他人の仕事ぶりを観て、聴いて、真似て、やってみて覚えるものです。ほとんどの人が、先輩の仕事ぶりを「見て」いるのですが、「(よく)観て」いないのです。さらに言えば、先輩の教えも「聞いて」いても、「(身を入れて)聴いて」いないのです。だから、自分のノウハウにならないのです。

では、自分のものにするとは、どのようなことかを運転で考えましょう。たとえば、上手な運転の人に乗せてもらったときは安心感もあり、心地よく感じませんか。このとき運転者は、あなたを心地よく乗せてあげたいという気持ちをもって運転しているのです。したがって、そのときが運転者の技を盗むチャンスです。

ただボーッとして乗っているだけではいけません。上手な運転がどうして実現しているのかを、注意深く観察してください。どうして今車線を変えたのか、なぜ今急ブレーキをかけずに突然停まったクルマをすり抜けられたのか、など考えるようにするのです。そして、推測したことを運転者本人に確認するのもいいでしょう。わかったら、それの真似をしてみて確かめてください。そのようにしてノウハウを盗むことです。街中をスムーズに思い通りに走らせる人は、基本動作がきっちりしているはずです。状況と動作を関連させて観察してみて、納得したことは自分でやってみましょう。そうしないといつまで経っても身につきません。

ビジネスでも、少しでも効率的に正確な仕事をしようと思えば、そこに無駄を省くための創意工夫が生まれます。もっと他人から評価されたいと思えば、そのために必要なのは何か、今の自分に欠けているものは何か、考えをめぐらせるでしょう。

それは、ものを右から左に動かすだけの単純な作業についても言えます。作業効率をアップするために配置を変えたり、後片付けの手間を考えたり、より完成度を上げるための工夫はいくらでもできます。

プロフェッショナルとは元来かっこいいものですから、仕事はつねにあらゆる意味で美しくあるべきです。一見単純に思える作業であったとしても、やり方はいろいろあります。そういったことの積み重ねが、仕事を極めるということなのです。この人はプロだなと思えたら、かっこよさのポイントを盗んで真似をくり返していくのです。

少しでもうまくなりたいという向上心をもった人は、プロフェッショナルに接したときは、そこから何かを吸収しようとします。自分なりに真似して練習してみるのです。

仕事ができない人や運転が下手な人というのはこの逆です。彼らには向上心がそもそも足りません。仕事や運転能力を上げようという考え方を放棄してしまっているのです。自分はできると思い込み、それ以上成長しようと努力をしていない人も同じです。

こういう人は、仕事上の知識も運転に関しても、新たなことを知りたいとも思わないし、それに出会ったとしても吸収する力が足りず素通りしてしまうのです。このことは、すべてのことがらにも、そのまま置き換えることができるのではないでしょうか。

POINT

[基本 ①]

- できるビジネスパーソンは運転もうまい。その逆も真なり
- 現状を考えて少し先を予測し、シミュレーションする
- 適切なコミュニケーションと、相手のことを考えた早めの情報発信
- ノウハウは教わるより盗む

5 基本をないがしろにしない

物事すべてにおいて、基本があります。みなさんも頭ではわかっていることだと思うのですが、案外表面上のパフォーマンスにばかり目が向くのではありませんか。基本を踏まえて応用があります。基本がない場合は、デタラメとなります。

職場で「できる人」は、仕事を進めるうえでの本質をとらえて理解しています。それは、論理的な組み立てが基本となり、さまざまな条件の変化に応じて、結論へのプロセスを変化させているのです。

ひとつ例をあげましょう。ここに、ある作業マニュアルがあるとします。多くの人は作業マニュアルを読むと、手順を追うことにのみ意識が行ってしまい、その手順が生まれた原因までは考えが及ばないでしょう。そこが、「できる人」とそうでない人との違いなのです。

「できる人」は、どうしてそういう手順なのか、なぜそこでその工程を経《へ》る必要があるのかを自分なりの論理で類推し、それが正しいか検証しつつ、さらにはもっとよい方法がないかということまで、考えが及ぶのです。マニュアルを読みながら、これらのことを同時進行しているのです。多くの人がそうであるように、与えられたまま、表面上だけで理解したつもりでは、「できる人」には成り得ません。

街中での運転では、まわりのクルマとのコミュニケーションが不可欠ですが、それ以前の問題として、まずは自分のクルマを思い通りに動かすことができなければ、周囲に気を配る余裕などあるはずもありません。その意味で、基本は大切です。アクセルやブレーキの踏み方を始め、思い通りに動かすことができるように、基礎的なことをきちんと身につけておく必要があります。

ここで基礎力とは、教習所で習ったレベルを言っているのではありません。実際の市街地での運転から学んだ経験がプラスされ、どうすればスムーズな加速ができ、どうすればショックのない停止ができるのか、ペダルの特性やクルマのパワーなどを考えて、試して検証しながら運転感覚をつかみとることを言うのです。

基礎力は、ただ漫然と操作していれば身につくものではありません。自動車教習所で教わった状態のまま、何の研究心もなく日々漫然と運転をしているようでは、「できる人」には程遠いと思われます。

6 便利な機能は諸刃の剣

クルマの技術の進歩には目覚ましいものがあります。最近では、バックギヤに入れただけで、自動的に縦列駐車をしてくれるクルマも登場しています。センサーなどの最新技術を応用し、他のクルマとの間合いまで自動的に計測してくれるのです。

ハイテク機器を満載したクルマはたしかに便利です。しかし、そうした機器に頼っていると、基礎がおろそかになりがちです。人間の感覚には非常に素晴らしいものがあるのですから、それを磨かない手はありません。

たとえば、東京・大田区や東大阪市の中小零細工場の職人さんは、大手企業のハイテク工場のロボットが成し得ない技術をもっていると言います。ひとつの完全な球体を作るのに、何ミクロンというレベルの機械ではできない加工を手の感覚だけでやってしまうのです。それだけ人間の感覚には鋭敏なものがあるのですから、それを機械に頼ることによって鈍化させてしまうのは、実に惜しいことだと思います。

以前、寝たきりの病人を専門に搬送するある民間救急会社で、病院から患者をクルマに乗せようと電動の昇降機を操作して降ろし、ストレッチャー（搬送用の車輪がついた寝台）を載せたまではよかったのですが、昇降機が上がらず、出発できなくなってしまいました。直し方や手動への切り替え方が誰もわからず、その車のスタッフは大慌て。急遽、同業者である私の会社へ応援を求める事態になってしまいました。

このような電動の機械には、故障したときの対処法が必ずあるものです。そのマニュアルを確認していなかったことも問題ですが、あらかじめそのリフトがどのような仕組みで動いているかを理解していれば、原因も早めに推定できたかもしれませんし、対処の方法が見つかったかもしれません。このことからも、原理・原則を理解することがいかに大事かということがわかるでしょう。

コンピュータや機械の性能が向上して、プロセスの多くをそこに依存する傾向が強まっています。物事が問題なく流れている間はいいのですが、いったんトラブルに見舞われると、いちいち専門家に来てもらわなければ、何も対処できないといった事態に陥ります。それはリスク回避の観点から、決して望ましいことではありません。

基本と道理を知るということは、物事の原理・原則を理解するということです。原理・原則をきちんと押さえていれば、仕事上で何か問題が発生したときにも、原因を容易に推測でき、そこに戻って対策を練り、再構築することができます。これができるか否かが、「できる人」の条件と言っても過言ではないのです。

7 プロセスを理解することが大切

よりレベルの高い仕事をして、そのクオリティーを保つためには、物事の原理・原則を理解しておく必要があると記しました。それがいざというときの対応力の差につながるのです。

今はオートマチック車限定免許をとる人も増えましたが、かつてはマニュアル車が普通でした。オートマチック車は操作も簡単で、初心者でもすぐに運転することができます。しかし、マニュアル車の原理を知ることで、クルマがなぜ動くのか、その仕組みをより詳しく理解することができるのです。

ところが、オートマチック車限定免許だと、そういった知識まで掘り下げる機会がありません。その結果、何かトラブルが起こったときの対応力が低下してしまうのです。

なぜクルマが動くのか、なぜ停まるのかを知り、その仕組みを理解しようとする姿勢と、仕事全体のプロセスを理解しようとする姿勢は共通しています。全体の流れや構成を知ることで、自分の仕事の位置づけや他の人の役割などがわかるからです。

自分を取り巻く仕事がどうやって流れているかを押さえておけば、イレギュラーな出来事が起きたときに、その対策を即座に講じることができます。そういう人は、職場で重宝がられます。

ところが、自分の仕事にしか関心をもたず、他の人が何をやっているか知らなかったとすると、人に聞かないと効果的な対策を打つことはできません。それでは、いざというときに役に立たないのです。

企業事故の多くは、そういった基本的なプロセスを理解していないために発生します。みんな自分のパートのことで頭がいっぱいで、全体を知る人が少ないのです。少なくともマネージャークラスの人は全体を把握しておくべきにもかかわらず、そうした努力を怠るために、大きな事故につながってしまうのです。

POINT

[基本 ②]

- 基本をないがしろにしない
- 便利なツールの原理・原則を理解しておく
- 物事のプロセスを把握する

第2回

仕事術講座 情報発信

自分の意思ははっきり伝える

1 能動的コミュニケーション

仕事は、当然ながら一人で完結するものではありません。チームで活動するのもありますが、他の会社にものを注文したり、作業を依頼したりすることも含めて、役割分担があります。リーダーはそれらを掌握していなければなりません。

運転の初心者によくあることですが、自分の運転にばかり気をとられて、周囲の状況をあまり見ていない人がいます。

信号無視や道路標識を見落とすことは論外ですが、今自分が走っている道路が混んでいるのか空いているのか、時速何キロぐらいで流れているのか、前を走っているクルマは次に何をしようとしているのか、左手前方に駐車車両がないか、右折車両がないか、脇をすり抜けようとしているバイクはいないか、ドライバーは刻々と変わる状況に注意を払いながら、自分の行動を決めていかなければなりません。

道路はひとつのコミュニティです。違う目的をもったクルマが同じ道路を共有しています。一見すると、それぞれ勝手に運転しているように見えますが、彼らは一定のルールにもとづいて、お互いに意思疎通をはかりながら行動しています。クルマ同士でコミュニケーションをはかっているのです。

ウインカーで曲がる方向とタイミングを知らせ、ブレーキランプで減速の合図を送るのは、周囲のクルマとのコミュニケーションに他なりません。相手はそれを見て、自分の次の行動につなげていきます。次の交差点で右折したいと思えば、早めにウインカーを出して周囲のクルマに曲がる意思を伝えます。さらにクルマをセンターラインに寄せて、右折の意思を明確にすると同時に、後続車が通過できるように道をあけます。それを見た後続車は、あなたのクルマをうまく回避して、流れを妨げずに運転することができるでしょう。

このように、道路という名のコミュニティでは、見ず知らずのクルマ同士が適切に情報をやりとりすることで、スムーズな流れが生まれます。逆に、コミュニケーションがうまくいかないと、流れが妨げられて渋滞が発生したり、場合によっては事故が起きたりするのです。

コミュニケーションというと言葉のやりとりを思い浮かべる方が多いかもしれませんが、相手の表情やジェスチャー、声のトーン、服装など、あらゆる情報がコミュニケーションの手段となります。人と人のコミュニケーションでは、九三%が言葉以外の手段で伝えられているそうです（メラビアンの法則より）。

職場というコミュニティにおいても同じです。互いに相手に自分がどうしようとしているのか、どんな状態にあるのかなどを知らせ合うことが仕事をスムーズに運ぶポイントです。リーダーであれば当然、先頭に立って向かうべき方向や、いつまでにどうしてほしいのかなど、わかりやすく周囲に情報を発信していく必要があります。これをしていると、周囲からの情報も入りやすくなってくるのです。

2 まずは明確な意思表示から

わき道から幹線道路に入るとき、うまく合流できない人がいます。初心者のなかには車線変更が苦手な人も多いでしょう。原因は、本線速度との合わせ方などいろいろ考えられますが、意思表示のタイミングが遅いことも、大きな理由のひとつです。

よく「早めの合図を」と言われますが、「早め」とはいつなのでしょうか。それは、合図の受け手が認識して十分対処行動がおこなえるだけの時間を言います。相手にわかりやすいような位置とタイミングをはかって合図を出し、合流や車線変更の意思表示をするとともに、速度を合わせてクルマを寄せることで、相手にこちらの存在をしっかりと認識してもらうのです。

コミュニケーションは情報の出し手と受け手がいてはじめて成り立ちますが、運転に慣れていない初心者が周囲から受け取れる情報は限られています。自分の運転に夢中になって、まわりのクルマに気を配るゆとりがなかなかもてないからです。

「できる人」になるためには、こうしたことも想定していなければなりません。要するに、一緒に仕事をしている人たちは経験も技量も理解力もさまざまだということです。同じ情報を発信しても、受け取る側の能力によって受け取り方はさまざまになることを忘れてはなりません。

したがって、誰にでもわかるような形で、かつ明解な表現で自分の意思表示をすることを忘れないでください。それと同時にできない人をカバーする余裕が必要です。

早め早めに意思表示をしておけば、あなたの思い通りに仕事もクルマも動かすことができます。あなたのペースに周囲を巻き込むことができるのです。

3 人は命令だけでは動かない

仕事は一人でできるものではありません。社内外の大勢の人たちと役割を分担し、調和をとりながらやっていくものです。その牽引役として、リーダーがいるのです。

ところが、大きな組織ほどありがちですが、部下の気持ちや、立たされている状況などを解せず、一方的な命令で人が動くと勘違いしている管理職が少なくありません。人は、命令で動くのではなく、心で動くのです。大きな組織だから表面上は動いているように見えますが、小さな会社へその人を引っ張ってきて、同じようにさせたら、まったく機能しないでしょう。

コミュニケーションの基本は、思いやりです。残念ながら、これが不足しているために、仕事が段取りよく流れていかないことが多いのです。段取りの悪い仕事は、どこかで障害が生じます。結果的に失敗してしまうことも多いでしょう。

クルマを運転中、一人よがりな行動で、街中をスムーズに走れるでしょうか。他のクルマとの調和が必要ですし、他のクルマや通行人への思いやりがすべての前提になければならないのです。

物事を円滑に進めるには、能動的な（こちらから働きかける）コミュニケーション能力が必要です。つねに最新の情報を共有し、何か問題が起きたときに即座に対応できる協力体制を築いておく。それができていないから、失敗が増えてしまうのです。

コミュニケーションには、情報の受け手と出し手がいます。まわりの情報を敏感にキャッチするだけでなく、必要な情報を自ら発信していかなければ、コミュニケーションは成り立ちません。コミュニケーションが苦手な人は、情報を発信する頻度が少なく、量も中身も足りないことが多いのです。

4 仕事の命、それはホウレンソウのタイミング

よく言われるホウレンソウ（報告・連絡・相談）は、仕事の基本です。周囲とのコミュニケーションがうまくとれないのは、この三つを怠っている証拠です。

このホウレンソウは「できる人」とそうでない人との差が大きく出ます。「できる人」と、いくら注意しても「できない人」と、どこが違うのでしょうか。

「できない人」は、この段階になったら報告しよう、または、もう自分の手に負えないので相談しようなどと、自分の時計ではかっているのです。だから上司から、「この前指示した仕事はどうなっているのか」と問いただされたり、「今頃相談されても間に合わないだろう」などと叱られたりするのです。

「できる人」は違います。つねに上司を意識し、周囲の人の進捗《しんちょく》を見ながら仕事を進めています。仕事の命は、タイミングです。

「タイミングをはかる」

では、何に合わせてタイミングをはかるのか。それは自分に指示を出した上司であり、自分の仕事に関わる他人の動きに合わせるのです。

直属の上司が、役員会議で説明をする日程がわかれば、上司があなたにいつまでに資料を完成させてほしいと思うかを推測して、タイミングをはかるのです。

進捗状況を上司が望んでいるタイミングでこまめに報告し、必要に応じて関係部署や取引先に連絡し、情報を共有して仕事を進める。こうした日々のコミュニケーションが、円滑な仕事を実現します。このような感覚をビジネス全体に活用していけるのが、「できる人」の感性なのです。

クルマの運転そのものは、仕事のような協同作業ではありませんが、同じ空間を走っているまわりのクルマと、一時的なコミュニティが成立しています。ですから、必要な情報は積極的に発信し、相手の連絡も洩らさずキャッチする姿勢が重要です。そして、自分のアクションを起こすタイミングは、相手が望むタイミングで実行するのです。

たとえば、車線を変更する際、こちらからの合図を相手が認識し、少々車間を空けようと見受けられた瞬間、そこが実行すべきタイミングです。そこを逃すから、双方のタイミングがずれて、危うい車線変更に陥るのです。相手の気持ちを推測して、相手が望む動きをする意識を忘れずに運転しましょう。

5 クルマの運転で見せる気配り

私が大手予備校で企画課長だった頃、大変信頼できる部下がいました。二〇代半ばのその彼は、とてもクルマの運転がうまかったのです。その人に運転を任せていれば、実に安心して乗っていられます。安全かつ目的地までの所要時間も短いのです。

もちろん、私と運転感覚が似ているということもあるでしょう。しかし、それ以上にクルマの動きがスムーズであることが、安心感につながっていたのだと思います。

その人は仕事の面でも同じでした。仕事を任せても、私が望むタイミングで報告をしてくれますし、進めている業務ばかりでなく、間接的な情報までも把握していて、私が尋ねると、ほとんど的確に応答しましたし、わからない事柄は、即、調査して報告してくれました。

彼はなぜ、そのようにできたのでしょうか。それは、彼が私と同じ感性を働かせて、同じレベルを想定した仕事をしていたからです。

期待通りにきちんとやってくれるし、肝心なところでホウレンソウ（報告・連絡・相談）もあり、つねに仕事の進捗を把握することもできました。そのような部下を上司が可愛がらないわけがありません。私を通じて彼の仕事ぶりは役員にも知れることとなり、彼は重要なポジションを任されるようになりました。私の直属の部下でなくなっても、そういう人とプロジェクトを組んで仕事ができると楽しいものです。

その人は、私が退職後、ある大学からスカウトされて転職しました。「事はひとつ」ですから、「できる人」は、どこでも必要とされるのです。クルマの運転で見せる気配りは、仕事と共通して発揮されていたのでしょう。

POINT

[情報発信 ①]

- 自分から働きかける能動的コミュニケーションを意識する
- 自分の意思を相手の立場に立って明解に伝える
- 一人でうまく進めていると思うのは、大きな勘違い
- ホウレンソウは、タイミングを見きわめる
- 仕事のできる人は、相手に合わせてタイミングをはかる

6 自分の行動をわかりやすく見せる

相手が嫌がることはしない。これは運転や仕事に限らず、人として当然のことですが、特に仕事上で、取引先相手や一緒に仕事をしている仲間が嫌がることとは、どんなことでしょうか。

世の中にはいろいろな人がいるので、何を嫌がるかは人それぞれという面もありますが、ひとつの指針として、自分がされて嫌ということはあると思います。

たとえば、見通しのいい道路で流れに沿って走行しているときに、前のクルマが急にブレーキを踏んで停止したり、ウインカーを出さずに右左折したりすれば、後ろにいるあなたは無理な運転を強いられるでしょう。このような状況をあなたは好みますか。答えはノーでしょう。それをあなたが運転するときに考えればよいだけです。

後続車にとって予測不能な動きをすれば、交通の流れはそこでさえぎられます。まわりのクルマはそのトリッキーな動きを回避するために、無理な行動をする羽目になります。それがさらにそのまわりのクルマに波及して、流れはますます悪くなっていきます。

たった一人の不心得が交通全体に悪影響を及ぼすのです。最初のクルマが四〇キロのスピードをほとんど落とさずに、ブレーキランプを一、二秒点灯させただけでも、次のクルマはそれより長くブレーキを踏み、その後ろのクルマはさらに長くなり……、徐々に数珠つなぎになって約二〇台後ろでは、完全に停止してしまいます。これがいわゆる自然渋滞の正体です。

これは、決してオーバーな話ではありません。高速道路における渋滞の多くは、緩やかな上り坂で、自然に速度が落ちてしまうことから、同じような状況が生まれて渋滞が起きているのです。たった一台のクルマが無神経にブレーキをかけたために、あとに続く多くのクルマが迷惑するのです。ブレーキ操作が急で強いものであれば、それが大きな事故の原因になることもあります。自分勝手な運転がまわりに与える影響は、それほどまでに大きいのです。

これらの事態を防ぐには、自分自身の行動をまわりにわかりやすく見せればいいのです。

自分が曲がりたいときは、後続車が対応できるだけの時間を十分にとったうえでウインカーを出し、まわりのクルマにその意思を明瞭に伝えます。それによって、他のドライバーはこちらの動きを察知し、スムーズに曲がれるように協力してくれたり、ぶつからないように回避したりすることになります。

仕事の場合、上司や同僚に自分のやっていること、やったことが見えるようにしておかなければならないということです。自分が何をしたいのか、まわりの人にわかってもらえるような配慮をしなければ、仕事という協同作業は成り立ちません。

リーダーのあなたが黙って独りよがりに仕事を進めていると、部下や同僚は途中で方向性の違いに気づくことができません。そのため、最終段階でまとめることができず、全体の修正を余儀なくされ、労力と時間の無駄となるのです。

7 相手の立場に立って考える

自分がされて嫌なことはしないという意味では、不完全な仕事はその典型的な例です。自分がやるべき仕事を完結せず、中途半端な状態で次の工程へまわすのがもっともよくありませんが、当人が不完全だと思っていないことも問題です。仕事を受け取った人は、それを補うという余計な仕事が増えてしまうからです。

あらゆる仕事は分業体制で成り立っています。仕事の一工程が完結した時点で、次の仕事の下準備を兼ねているという側面があります。ですから、どこかの段階で手抜きが発生すると、必ず次の段階にしわ寄せがきます。そして、まわりまわって自分に降りかかってくるのです。したがって、自分の分担を完全にすればするほど、最後が楽になることになります。

仕事において、相手の立場を考えないやり方をするのは御法度《ごはっと》です。不完全な仕事を相手に押しつけたり、業務を引き継ぐときに必要な情報を与えなかったりするのは、身勝手な行動と言えます。そのようなやり方を他の人が受け入れるはずがありません。

自分は頑張っているつもりでも、思うような結果が得られないとしたら、相手に対する配慮が足りないからかもしれません。

それは、上司に対しても同じです。上司の立場に立って考えると、一番大切なのは、上司が知りたがっている情報を、タイミングよく提供することだということがわかります。必要な情報を先回りして報告すれば、上司は自分の仕事をスムーズに進めることができます。逆に、報告が滞っていれば、上司はいちいちそれを確認しなければなりません。確認が済むまで仕事を止めなければならないし、判断もできません。仮に報告できるような結果が得られていないとしても、その経過や見通しだけでも連絡しておくべきです。それによって、上司は必要な対策を講じることができます。

クルマの運転でも、自分がしたい行動を周囲のクルマに知らせるときに、相手の立場に立って、相手が受け取りやすい形で情報発信することが大切です。

情報は、相手に正しく伝わってこそ価値があります。自分の意思がまわりのドライバーに伝われば、今度はまわりがそれに対して何らかの反応を返してくれます。その反応を正しく受け取って、自分も次の行動に移ります。この情報の連鎖が、クルマ同士のコミュニケーションなのです。仕事でも運転でも、集団のなかで物事を進めていくためには、相手の立場を考える姿勢は欠かせません。

8 自己中心的な行動はまわりに迷惑

右へ曲がるべき交差点をうっかり通り過ぎてしまい、急に左折をくり返して予定のルートに戻ったという経験はありませんか。

うまくいけば間違えた分を取り返して、当初の予定通りに目的地に着けるかもしれません。しかし、予測不能な行動は周囲のクルマに迷惑をかけるだけではなく、最悪の場合、後続車に追突されたり、左折時に二輪車を巻き込むなどのリスクを高めてしまうのです。

なかには、自分が急いでいるからといって、先行車にピッタリと張りつき、パッシングであおるドライバーもいます。そのために、あおられた人が慌てて事故を起こしてしまう例もあります。

こうしたことは相手の運転技量がわからないだけに非常に危険です。自己中心的な運転をした結果、まわりのクルマに迷惑をかけているわけです。そういう身勝手な運転をする人は、いつか自分で事故を起こしたり、事故に巻き込まれたりしてしまうものです。

現実の仕事では、急に方針を転換せざるを得ないこともあります。どんな仕事に対しても、つねに向上心をもち、創意工夫を重ねていれば、途中でよりよいアイデアが思いつくこともあるからです、これも、できるビジネスパーソンの特質かもしれません。しかし、どんなに魅力的なアイデアであっても、まわりの協力が得られなければ、実現には至りません。行動に移る前に、周囲へのホウレンソウ（報告・連絡・相談）で、自分のアイデアを理解してもらう必要があるのです。

その手間を惜しんだり、努力を怠ったりすれば、自分の行動に対する協力を得られないばかりか、体力的に困難な問題やスケジュール的な無理が生じるなど、周囲へ多大な迷惑をかけることとなり、周囲からそっぽを向かれてしまうのが落ちです。

運転でも仕事でも、相手がこちらの次の動きを予測し、理解できるだけの情報を与え続ける必要があります。気分次第でしょっちゅう態度を変える人というレッテルを貼られないためにも、自分が何をしたいのか、それはなぜなのか、それを周囲にはっきり示さなければなりません。そして、相手を説得することができれば、あなたの考えは認知され、仕事は円滑に流れていくでしょう。

9 言うべきことは言う

仕事では日々、多くの人とかかわっています。商売をしているとしたら、取引先と直接商談の場で真剣勝負することもあるでしょう。

そのようなときに、自分は買ってもらう側だからと、どんな要求にも相手の言いなりになろうとする営業担当者がいます。たしかに、取引先の意向は尊重すべきです。でも、だからといって、つねに相手の言いなりになっていればうまくいくかというと、必ずしもそうとは限りません。

たとえば、メーカーが大手量販店に買ってもらわなければならないからといって、相手の言いなりになって値引きに応じていたのでは利益がなくなります。また、販売応援を頼まれるままに出していては、必要以上に多くの経費がかかってしまいます。採算と費用対効果を度外視して見かけの数字を稼いだとしても、会社のためになりません。

取引先といえども、主張すべきことはきちんと言うほうがよいのです。結果的には、それが信頼関係につながります。どちらかが一方的に不利益を被る関係は、決して長続きはしません。

ただし、相手はお客様ですから、主張のしかたには配慮が必要です。相手の性格に合わせて表現を変えたり、プレゼンテーションの方法を選んだりします。押すタイミングも重要です。どの段階でこちらの主張を伝えるか、どこまでなら妥協できるか、その見きわめも、相手に応じてきめ細かく対応する必要があります。

ほぼ同時に交差点に入ろうと右方向から車が来たとしましょう。そのとき、こちらが左方優先だから、こちらの道幅が広いからと、相手に構わず進もうとすると衝突してしまうかもしれません。

こちらに優先権がありますから、先に行きますよという主張をしつつ、タイミングを見て引くところは引くという譲り合いが必要なのです。自分の行動を優先すべきときと相手にさっと譲るほうがよいときがあります。どちらにしても、先に行くなら行く、譲るなら譲るという主張をはっきり相手に伝えることです。こちらの意図がすばやく伝われば、それだけ相手のリアクションも明確にとらえられるので、スムーズなコミュニケーションがとれるのです。

POINT

[情報発信②]

- 考えや行動は、周囲に見えるように
- 上司や同僚の立場に立って考える
- 唐突な行動は、まわりの迷惑
- 言うべきことは、言うべし

第3回

仕事術講座 情報収集

周囲の状況を敏感にキャッチする

1 広い視野で見る

運転をしているときは、目配りや耳を使って、さまざまな情報を集めなければなりません。目配りというのは比喩ではなく、実際にさまざまな方向に目をやって、自分を取り巻く状況を複合的に把握するための行為を言います。

直進時といえども、目をやる方向は前方だけではないはずで、正面六割、左右が一割五分ずつ、後方へ一割くらいの配分で目配りしていなければなりません。そして、正面を含む全体を漠然と視界でとらえていることが必要なのです。

一カ所だけを注視する見方では、周囲の動きに気づくのが遅くなります。前方だけを注視していると、左右のミラーに脇をすり抜けるバイクが映っても、あらためてミラーを見ようとしない限り、気がつかないのです。左右のミラーに映るものについては、できるだけ早く正確に認知する必要があります。このように目を配っていると、動きをマークすべきクルマは、自分の前二台、左右斜め各一台、後ろ一台、左右に各一台で、七台程度あります。さらに、前方の道路の状況（混み具合、信号や交差点の有無など）、道路標識や看板なども同時に見ています。そのうえで、特にすぐ前を走る先行車の動きに注意していま す。これくらい広い視野をもって、運転してほしいのです。

自分の手元にある仕事だけを追いかけていては駄目なのです。つねに全体を見渡して、四方八方の状況を把握しながら、自分の仕事を進めるのです。リーダーには、マクロ的観点、大局的な見地から物事をとらえる能力も必要です。

2 自分の位置を把握する

仕事を与えられると、それだけしか意識しない人は、目の前の仕事に没頭するあまり、周囲との兼ね合いを理解していないで仕事をしています。

自分の仕事に集中するのは決して悪いことではありませんが、それしか見えないようでは、仕事全体のなかでの自分の仕事の位置づけが理解できていないので、バランスを欠き、ひいてはまわりに迷惑をかけることになりかねません。

ときどき大所高所から仕事全体を見渡して、自分のしている仕事の意義や全体のなかでの役割などを確認しておくことは、決して無意味ではないはずです。

目の前の仕事に埋没して、全体の流れを無視していると、いつのまにか軌道からそれてしまい、浮いた存在になってしまう危険があります。たまに全体を見渡す余裕があれば、そうした間違いにいち早く気づくことができます。ダメージも少ないので、軌道修正にもたいした手間はかかりません。

ところが、全部やり終えてから、他人の指摘でようやく方向性のミスなどが発覚する事態になると、それまでやってきたことがすべて無駄になるだけでなく、ほとんど一からやり直すことになってしまい、非効率なことこのうえありません。

仕事全体のなかでの自分の位置づけを確認するということは、自分の仕事が独りよがりにならないために役立つだけではありません。周囲との協調関係を保つうえでも、欠くことのできない大切な姿勢です。自分の仕事をきっちりやるだけでなく、全体がスムーズに流れてはじめて「仕事をしている」と言えるのです。

街中では、自分がそうであるように、周囲のクルマもそれぞれ目的があって動いています。当然ながら、それぞれの目的まで知る由もありませんが、周囲のクルマを大局的にとらえていれば、自分がそのなかでどのようなポジションをとり、どの程度の速度で進行すればいいかを容易に知ることができます。そうでない人の運転で流れが乱され、コミュニケーションがギクシャクする場面をよく見かけませんか。

3 情報は状況に応じて取捨選択する

クルマを運転していると、実にさまざまな情報が視界に飛び込んできます。前後左右斜めのクルマの動き、歩行者や自転車の存在、信号や道路標識、駐車しているクルマや工事現場などの障害物、脇道や駐車場への出入り口など、運転に影響を与えそうな情報は山ほどあります。しかも、状況は刻々と変化していて、脳に伝わる情報はつねに上書きされなければなりません。

その一つひとつを詳細に検討する時間はもちろんありません。チラッと目に入っただけで、より必要な情報とそうでない情報に振り分け、すぐに次の行動に反映させていかなければなりません。

この周辺情報の処理能力に個人差がかなり出るのです。それは、普段まっすぐ走っているときでも、左右後方の車両をどの程度認識しているかによるのです。

たとえば、前方の車がこれまでと違った動きを見せたとき、それが停車のためのものなのか、あるいは右左折のためのものなのかということを、クルマの動きから察知する必要がありますが、この段階ではじめて右・左に何かいないかとミラーなどを確認するから、時間がかかるのです。時間がかかるということは、その時間を確保するためのブレーキングをしなければならないわけですから、速度をたくさん落とすことになります。

コンスタントに周囲の動きをとらえていれば、短い時間で最終確認して、即対応行動に移れます。そうすれば、先行車が急にブレーキを踏んだり、右左折したりしても、最低限のブレーキングで済み、まわりのクルマの流れも妨げることなく、スムーズに避けて通ることができるのです。

さらに言えば、このとき、先行車が右折するのなら左に、左折や停車する場合は右に避けることになりますから、それぞれその方向の横もしくは斜め後方からの車両との速度差を生じさせないようにすることがスムーズに走るコツなのです。

そして、今度はその状況把握にもとづいた行動をとる際に忘れてはいけないことは、自分の動きをまわりの車両にはっきり知らせることです。ウインカーを出したり幅寄せしたりして、とにかく周囲のドライバーにわかりやすく情報を発信します。それが、クルマの運転におけるまわりとのコミュニケーションということになるのです。

4 人はミスをするのが当たり前と考える

先行車が交差点手前で速度を落としはじめて少し左に寄れば、その交差点で左折する可能性が高いと言えます。でも、ひょっとしたら、交差点の手前にあるレストランの駐車場に、いきなりハンドルを切って入ることも考えられるのです。

このとき、駐車場の存在を見落とせば、まだ大丈夫と思い込んで減速が遅くなり、追突する危険も出てくるでしょう。たとえ自分は急ブレーキで回避できたとしても、後続車から追突される可能性も否定できません。

こうした場面で陥る最大の問題点は、先行車の動きを察知した時点で、交差点で左折すると思い込むことにあるのです。人は思い込んだ時点で他の可能性を考えられない習性があります。九割そうでも、一割の他の可能性を疑う姿勢が必要です。

私の会社に取引先から「二三日水曜日の一三時着」で成田空港に社長が帰国するということで、クルマでの迎えを依頼されたときのことです。受付けた当社の女性は、お客様からの依頼にもとづいて指示書を作成し、担当運転士にメールしました。

メールを受け取った運転士は、迎えの当日にフライト情報を確認したところ、そのような到着便が存在しないことがわかりました。そこで、当社の受付の女性がお客様に確認を入れたところ、間違えて米国を出発する日で連絡していたことが判明し、翌二四日に迎えに行けばよいということで、事なきを得ました。

このような行き違いは、ビジネスにおいて日常茶飯事ではないでしょうか。事態の大小はさまざまでしょうが、問題は思い込みにあるのです。さらには人を信用し過ぎているのです。

自分を考えてみてください。あなたは、絶対にミスをしませんか。思い違いをしませんか。連絡すべきことを忘れることもありませんか。そのようなことはあり得ませんね。

人は、誰でもミスをするのです。忘れるのです。ですから、すべてに対して、そのことを前提に考えていなければなりません。

ミスが生じることを前提にすると、確認という作業が不可欠だということがわかるはずです。人が介在するたびにミスが発生する可能性があるので、仕事の流れの要所要所でチェック体制をとることを忘れてはなりません。

5 周囲との「間合い」を考える

「間合い」という言葉を聞いたことがありますか。剣道を知っている人なら耳にしたことがあるはずです。日本の古典芸能をはじめとして、笑いをとる落語や漫才にも「間」というのが、重要な要素になっています。

「間」をあえて言うなら、洋楽の楽譜の「休符」なのですが、ニュアンスが少々違います。しっくりくるのは「呼吸」でしょうか。このように「間」というのは、譜面などの目に見えるもので表せないものなのです。

自分一人でことをおこなう場合は、自分の「間」でよいのですが、相手がある場合は、相手と呼吸を合わせることで、一緒に物事をうまく処理したりすることができます。その「間」は相手が違えば違ってもよいのです。ですから、漫才師が違えば、テンポも間も違います。「阿吽《あうん》の呼吸」と言われるのは、このことです。時間的観念においての「間」は、物理的関係では「間合い」になります。

走りながら大量に入ってくる情報を処理し、それに応じた適切な対策がとれるためには、それができるための「間合い」が必要となります。

前のクルマとの車間距離をどれだけとればいいか、横の車との間隔はどの程度とればいいかというのは、あなたの力量や周囲にいるドライバーの技量など、そのときどきの状況によって変わります。

運転に慣れていない人は、交通の流れや周囲のクルマの動きから適切な「間合い」をはかれないので、前車との間隔を空けすぎ、突然割り込まれて、かえって危ない状況に追い込まれがちです。

私は前のクルマの走りから、経験の度合いや技量、性別や年齢などを推測し、さらにその地域に慣れているかなどをナンバーなどから察知し、それに合わせた「間合い」をとって運転しています。車間距離を含む他車との「間合い」は、この推測をどの程度までできるかによって違ってくるのです。

たとえば、あなた（A車）は二車線高速道路の追い越し車線を一〇〇キロで追い越しをかけています。あなたの左前方の走行車線にやはり一〇〇キロ弱の速度で走っている大型トラック（B車）がいますが、その前に低速の八〇キロで大型トラック（C車）が走っています。このとき、あなたはどう考えますか。

私がA車なら、一〇〇キロで前の大型トラックに追いついて行きつつあるB車のドライバーの心理を推測します。この場面で重要なのは、B車をどう考えるかなのです。

B車はC車に追いついた時点で、八〇キロに速度を落として走行車線を走り続けるかもしれませんが、二〇キロ近くの速度差は大型トラックの業務上、目的地への到着時刻に大きく影響しますから、当然追い越しをかけるだろうと予測します。

右後方から私がB車へ徐々に近づいていくわけですから、B車が私の存在を認識していれば、その動きに応じて、こちらに入るタイミングをはかるはずです。こちらは、それを見越して「間合い」をとるか、それとも速度を上げて追い越していくか、B車の速度と自車の速度、そして互いの位置関係を計算して判断するのです。

このとき、自分の車線ばかりに意識がいっていて、隣の車線を走るトラックの動きを予測していないと、気づくのが遅れ、結果的にB車が突然割り込んでくる形となって、それだけシビアなブレーキングを求められるようになります。慌てず、なめらかな最小限度の減速で対処するためには、この相手との「間合い」が非常に重要だと言えます。

ほぼ同じ速度で走っているクルマが車線を変更する際は、通常少し加速しながら進路変更するのですが、大型トラックは、荷物の量によっては加速も鈍くなりますし、最近は速度抑制装置がつけられているため、九〇キロ以上は出せないので、トロトロと追い越していくようになります。このことを頭に入れて減速をしないと慌てることになります。

トラックを前に入れるのか、入れずに抜き去るのかは、自分とトラックとの位置関係や相対速度によって変わってきます。入れる場合は、相手の動きに合わせて車間距離をとれば、アクセルから足を離すだけでブレーキを必要としませんが、ここでいちいちブレーキを踏んでいると、クルマの動きはスムーズでなくなり、後続車にも悪影響を与えることになります。

この間合いを間違えば、まわりのクルマとの関係がギクシャクし、流れに乱れが生じて渋滞や事故につながってしまうのです。

私は、まわりのクルマとコミュニケーションを楽しみながら運転しています。相手のシグナルをキャッチしてその行動を予測し、それに応じた対策を講じていく。情報を受け取るだけでなく、こちらも積極的に情報を発信して、まわりのクルマもスムーズな動きが実現できる方法で誘導し、自分の思い通りにまわりのクルマを動かしていく。予測通りに動けば悪い気はしませんし、相手がこちらの意図を察知した行動をとってくれれば、これまた気分がいいものです。

その意味で、運転は非常に知的な営みでもあります。リラックスして走っていても、頭のなかは高速回転で情報を処理し続けています。

仕事上で、他のセクションとの進行具合はマッチしているか、外注業者との間でコンセンサスを得ているか、上司の望むタイミングで動いているかなど、時間的な「間」や作業上の「間合い」をとるためには、その場その場で対処するだけでは間に合いません。少し前の状況把握から、できる限り先を読み、その対処としての対応策を用意しておくことが肝心なのです。

6 予定通り仕事をするコツは〝さば読み〟

私は大手予備校で仕事をしていたとき、受験雑誌の編集や印刷関係の仕事を任されていました。

当時、印刷の世界では納品は遅れて当たり前という風潮があり、私はそれを疑問に感じていました。予定通りに納品されなければ、困るのは自分です。そればかりか、次に予定していた発送の段取りなどがすべてずれ込み、多くの人に迷惑をかける恐れがあります。

私は印刷のことをまったく知らなかったので、そうした現状を打破するために、まず印刷のノウハウを勉強することにしました。業者の言うことが、妥当なのかを自分で判断する必要があると思ったからです。

試合において相手に勝つ秘訣は、相手選手の能力を知って、弱点を探し対策を講じることです。取引業者は対戦相手ではありませんが、同じ目的に向かって協力してくれるパートナーですから、その能力を知っておかないと一緒に戦えないのです。状況によっては戦える取引業者に替える必要も出てきます。

そこで、書店へ行って、印刷関係の本を三冊買い込み、三日間徹夜して三回ずつ読み、とりあえず専門用語や印刷工程での作業などをイメージとして理解しました。

私のところに来る人は印刷会社の営業担当者であり、現場の人ではありません。ですから、仕事を獲るためにそれなりの営業トークをして、多少無理な仕事でも受注しようとするわけです。それを信用するから、見込み違いが起きてくると考えたのです。

そこで、営業担当者の話を鵜呑《うの》みにしないようにして、こちらからいろいろと質問して、その会社の設備の種類と能力を把握するようにしました。できるだけ多くの情報を収集して、適切な対策につなげるためです。業者の能力を知ることで、印刷物の種類によって、得意な印刷業者はおのずと定まってきます。

納期的にかなりシビアな仕事を発注したとき、価格だけで落札したある会社は、板橋にありましたが、製本の設備を持っておらず、製本所の場所を聞くと早稲田だと言います。この場合、印刷工場から製本所への製品移動に半日かかります。発注者として納品予定を立てる際に、このことも織り込んでおく必要があるわけです。

ところが、業者は自社の弱点はなかなか言わないものです。つまり、はじめからこの会社では無理な計画だったわけです。これでは納期が遅れるのも当たり前です。業者は、納品予定を過ぎて催促がきたら、「今、出ました」と〝蕎麦屋の出前〟のような嘘で時間稼ぎをすれば済むくらいにしか考えていなかったのです。

こちらとしては、ぎりぎりの時間で、クオリティーの高いものを安く作ってもらうために頑張っているわけですが、パートナーである業者がこのようでは困るのです。しかし、その要求に相手がどこまで対応できるか、きちんと把握しておかないと、せっかく契約を結んでも、最終的に約束通りに納品されなかったのでは、何の意味もありません。

私は印刷ラインが動き出した時刻から、今ならどのくらい進んでいるはずなのか、どんな作業をしているのかを意識して、要所で進行をチェックするようにしていました。そして、スケジュールや内容面でのトラブルが出て、機械をいったん止める事態となっても、こちらから印刷業者に作業の手順を指示したりできるようになり、印刷物はそれまでの常識を覆して、常時予定通りに納品されるようになりました。

相手の能力を知って進行をこちら側で握ることが重要ですが、それに加えて、納期についても、業者に対してさばを読む必要があります。ズルいようですが、自分のところで仕事を滞らせないコツなのです。

社内会議では、予定日を一日プラスして他のセクションと交渉をし、業者にも一日余裕を含んで日程を指示するのです。それで、オーケーが出れば、二日の余裕が生まれるので、仮に途中でトラブルが起きても、全体のスケジュールに影響を与えずに済み、あなたの責任も全うできるのです。この「間合い」があなたを守るのです。

それが現実に役立ったこともあります。発行日が動かせない印刷物で重大な印刷ミスが発覚したとき、会社としては訂正表を別に刷って配布するしかないという判断でしたが、私はぎりぎりの状態でも、間に合わせる手段を知っていましたので、急いで業者に連絡をとり、訂正の段取りを指示するとともに、予定の印刷順を変更させて作業に当たらせ、結果、納品時間に間に合わせることができました。

相手の情報をできるだけ多く収集して現場の能力を把握し、その能力に応じた間合いをはかっていたからこそ、非常事態にも対処できたのです。

POINT

[情報収集 ①]

- 物事は広い視野でとらえる
- 自分の位置を把握する
- 情報は状況に応じて取捨選択する
- ミスがあることを前提にプロセスを考える
- すべてに「間」と「間合い」が大切
- 自分を守るさばの読み方を会得する

7 自分で見る癖をつける

安全運転の基本は、他人に頼らず、必ず自分の目で見て確認するということです。

道路工事の現場や店舗の駐車場に誘導員がいる場合がありますが、彼らの誘導はあくまで参考にすべき情報であって、対向車や障害物の有無は、最終的に自分で確認しなければ安全の確保はできません。どのような立場の人が誘導したとしても、それによって事故を起こせば、その責任はドライバーに帰すると法律でも定められています。

あるバス会社で、バスガイドが後方誘導をしていたとき、バスの屋根に木が当たって傷がついたという事故がありました。観光バスなどでは、運転手は後方をまったく目視できません。それを補うためにカメラがついていますが、それは下部をカバーしているため、上部の木や電柱、看板といった障害物は確認できません。ですから、運転手の目の代わりとしてバスガイドがいたわけです。

この場合、一概に運転手を責めることはできないでしょう。しかし、バックする前にバスを降り、後方の状況を自分の目で確認していれば、事故を防げた可能性も否定できないのです。

バスに限らず、クルマをバックさせるとき、親切心で後ろを見てくれる人がいますが、安全を確認すると、「大丈夫だと思うよ」などと返事をされることがあります。このような場合、ドライバーは安心してバックすることができるでしょうか。多くの場合、かえって不安になるのではないでしょうか。

「壁まであと一メートル」とか、「右後ろ五〇センチのところに縁石がある」というように、具体的な指示をもらえれば安心できますが、「思う」などと言われると「本当か?」と聞き返したくなるはずです。それは、その表現に客観性がないからでしょう。

言葉だけではありません。「オーライ」と言っている誘導者をミラーで見ると、完全にあさっての方向を見ていることがあります。誘導はドライバーの死角を補うためのものですから、バックする先を見てくれなくては困るのです。このような誘導なら、されないほうがかえって安心かもしれません。いいかげんな誘導に従って事故が起きたとしても、その責任はドライバーが負わなければならないのです。

少々臆病だと思われるかもしれませんが、バックするときは、必ず何かあるかもしれないという前提に立って行動することです。そうすれば、自然と目で見て確認する癖がつきます。

最終的には、頼れるのは自分だけなのです。そのことを肝に銘じておいてください。

8 必要に応じて自ら確認

上司が部下を育てるという観点から、仕事を「君に任せるよ」という場面があります。この場合、上司は部下を信頼する必要があるため、いちいち細かくチェックをすることは、我慢しなければなりません。まして自らが乗り出していくことはできません。それでは「任せた」ことにならないからです。

しかし、もし部下が何らかのミスを犯して、取り返しがつかない結果になってしまったら……。責任はもちろん上司にありますし、当人も自信を失ってしまうかもしれません。そこで、上司としては表面上、部下を信頼して任せたとしても、仕事が進む過程の要所要所での確認作業が欠かせません。

仕事を任せるといっても、預けっぱなしにすることとは違います。必要な場合は自ら進捗状況を確認して、部下の仕事がスムーズに流れるように采配を振るのも上司の仕事です。松下幸之助氏の名言に、仕事は『任せて任せず』とあります。人に任せたフリをするだけで、後ろでしっかり把握していなければならないという意味です。

部下にやらせたことを自分で確認するというのは、手間のかかることですが、正しい情報を得るためには必要なプロセスだと言えます。

また、部下の報告を鵜呑みにするのも危険です。ごく日常的なことであっても、ひとつの情報が三人の口を経れば、大きく中身が変わってしまうものです。大筋は正しい内容であったとしても、微妙なニュアンスは違ってしまう。いわゆる「伝言ゲーム」の状態になるわけです。

これは、必ずしも報告者の能力やスキルが低いことだけが原因ではありません。人づての情報は、間に入る人数が多いほど、彼らの感想や意見が混ざってきます。二次情報になると、情報の精度は落ちて当たり前なのです。そして、こうした微妙なズレが判断を狂わせるのです。ですから、必要ならば、情報源（一次情報）まで遡って確認する姿勢が大切です。

ひとつの情報について別の角度から検討を加えると、それまでとは違った見方ができるようになります。できるだけ多面的にとらえるように心がけましょう。

9 二次情報の危険性

どのような場合でも、情報はできるだけたくさん集める必要があります。しかし、そうなると、人から教えてもらった情報、いわゆる二次情報が増加します。

この二次情報が曲者なのです。はじめからこちらを惑わしてやろうという悪意のある情報は論外ですが、そうでなくとも二次情報には落とし穴が多いのです。情報提供者の感想や意見が入ってくるからです。

情報提供者が事実と感想を分けてくれれば問題ないのですが、これを混同していると、情報の精度が落ちます。たとえば、数量を表す場合、はっきりと数字で言ってくれればわかりやすいのですが、それを「大きい」「小さい」といった言い方をされると、混乱の原因となります。あるものが「大きい」か「小さい」かは人によって感じ方が違いますし、そもそも「大きい」か「小さい」かは判断者が決定すべきことであり、情報提供者が決めることではありません。情報提供者に悪気はないのでしょうが、こういうあいまいな表現は誤解を招きやすいのです。

仮に、数字などの感情表現の省かれた情報であったとしても、二次情報はあくまで二次情報にすぎません。情報提供者が人から聞いた話なら、伝わる際に誤解が生じている可能性がありますし、見てきた本人であっても見誤りがないとは言えません。ですから、情報の精度を上げるためには、できる限り自分の五感で確認することが大切なのです。

では、情報を提供する側はどんなことに注意すればいいのでしょうか。

部下が上司に情報を報告するとき、上司がいったい何を知りたがっているのか、部下はそれを把握しておく必要があります。上司は何かの判断をするために情報を集めているのですから、それに沿った報告をするのです。その点を押さえておかないと、報告に満足してもらえず、しつこいぐらいに質問攻めにあうはずです。

たとえば、営業報告で訪問先の手応えを聞かれたとしましょう。ここで「よい感触でした」などと答えてはいけません。「よい感触」というのは営業担当者の感想（あるいは願望）であり、主観的な情報です。客観的な根拠がなければ、上司はそれを信じてよいのかどうかわかりません。成果があったように見せたい気持ちもわかりますが、上司としては、事実を知らないことには的確なフォローが入れられないのです。

また、上司からの質問に対して、「～だと思います」と答えるのも感心できません。「思う」というのは報告者の意見であり、そこに根拠は見出せないからです。

客観的な根拠があってこそ、情報は信憑性を増します。信頼度の高い情報が集まるから、的確な判断ができるのです。

上司がどんな報告を求めているかというのは、別の言葉で言うと、その仕事の目的は何かということです。何のためにその仕事をしているのか、目的に合った行動がとれているか、目標にどれだけ近づいたか（あるいは遠ざかってしまったか）、そうしたことを具体的な数字をもって報告すると、上司の信頼が得られるようになります。

10 ゴールから逆算して今やるべきことを把握する

あるべき結果から逆算して、今何をすべきかを考える。この思考法はビジネスの現場でも役に立ちます。

自分が担当している仕事なら、その段取りはある程度頭に入っているでしょう。それなら、今すべきことが何なのか、よくわかっているはずです。

翌日の昼に出荷する予定の商品であれば、いつまでに梱包しなければならないか、その梱包に間に合わせるためには、いつまでに商品を完成させなければならないか、だとすれば今何をしなければならないかといったことを、ゴールから逆算する形で順を追って考えていけばいいのです。

仕事には必ず期限を設けなければいけません。それも「いつごろまでに」といったあいまいなものではなく、「何日の何時まで」と具体的に設定する必要があります。その期限から逆算して、やるべきことのスケジュールを組んでいくのです。

期限のない仕事は優先順位が下がります。通常、ビジネスでは同時にいくつかの案件を抱えています。ルーチンの仕事を進めながら、その合間を縫って新たな仕事やイレギュラーな仕事をこなしていくわけですが、期限のない仕事は後回しにしがちです。そうすると、やりやすいものやそのときの気分によって、仕事を選んでしまうことになります。こうした状態が続くと、いろいろな仕事に少しずつ遅れが出はじめ、いつのまにか取り返しがつかない量の仕事がたまってしまうのです。

そうなれば上司から叱られます。社内での評価は下がり、同僚からも信用してもらえなくなります。さらに問題なのが、取引先からの信用を落とすことです。これは自分だけの問題ではなく、会社にも多大な迷惑がかかります。このような状況になれば、もはやまともに仕事ができる環境を取り戻すのは難しいかもしれません。

このように、仕事をおこなうにあたって期限を設定することは、非常に重要です。その期限を起点にして、細かいスケジュールを立てていきます。仕事の完成という大きな目標と、それを遂行するための途中目標を達成することを考えれば、必然的に今やるべきことがわかり、優先順位も自動的に決まります。

POINT

[情報収集 ②]

- ●他人の言動を鵜呑みにしない
- ●死角の目視を怠らない
- ●人に任せるときは、任せたフリをする
- ●報告は事実と感想を明確に区別する

第4回

仕事術講座 予測力

相手の動きを予測する

1 さらに上をいくコミュニケーション

クルマをスムーズに動かし、交通の流れを妨げないためには、つねにアンテナを張り、周囲から発信される情報をキャッチしながら、必要な情報を取捨選択しつつ、適切な判断と的確な運転操作ができる態勢をとっておくことが大切です。

しかし、さらに上を目指すなら、相手が明確な意思表示をする前にそのクルマの動きを予測し、それを自分の運転に織り込んでおく必要があります。あらかじめ相手の動きがわかっていれば、急な幅寄せや車線変更が想定内の出来事となり、自分が交通の流れを乱す可能性は激減します。

先行車のブレーキランプやウインカーに反応することは、言ってみれば、対症療法です。相手の意思表示があってはじめてこちらの行動が決まってきます。

しかし、相手の意思表示を待つだけでは対処しきれないケースが出てきます。意思表示を伴わない急ハンドル、急ブレーキなど、予測不能な行動をとるドライバーがいるからです。他のクルマの身勝手な行動のせいで、こちらが事故に巻き込まれないためには、相手の次の動きを想定し、あらかじめそれに備えておくのです。

先行車が右のウインカーを出せば、まもなく右折することは誰にでもわかります。でも、運転に慣れてくると、先行車がほんの少し速度を落としたり、車線の右へ寄りはじめたりした段階で、右折する可能性を考えられるようになるのです。また、前方右手にレストランがあったり、右折レーンが出てきたりしたとき、先行車が右に曲がる可能性を念頭に置くようになります。

いつも走っている道路なら、どの交差点で右折車両が多く、詰まりがちなのか、経験値として予測できるようになります。その交差点が近づいたら、あらかじめ左車線へ移動しておけば、右折するクルマの列に並ばずに済むわけです。そうでないと、ブレーキを踏み、速度を落としてしまうので、左車線になかなか合流できず、流れを完全にストップさせてしまいがちです。

先を考えて予測をする習慣を身につけて、経験を積み、検証を重ねることで、相手の行動をほぼ間違いなく予測する力がついてきます。必要以上のブレーキングや不要な停止をすることなく、スムーズな走行で目的地に向かうことができるようになってきます。

予測力は、いきなり身につくものではありません。あのクルマは次にどう動くか、こっちのクルマはどうかということを常日頃から考え、何度も試行錯誤を重ねていくことが肝要なのです。そうすれば次第に予測の的中率は高まってきます。周囲の状況に関心をもたず、場当たり的な運転をくり返しているだけでは、いつまでたっても身につかないのが予測力です。

正確な予測は早め早めの対応を可能にするので、トラブルを避けてスムーズに運転することに大いに役立ちます。

2 相手の要望を理解し、同じ目線で考える

クライアントから仕事の依頼を受けたとき、依頼内容そのものだけを提供すれば、よいのでしょうか。それであなた自身「仕事をした」と胸を張れますか。このようなことは処理をしたのであって、仕事をしたうちには入らないでしょう。

仕事を誰かに依頼する場合は、プラスαのアイデアを期待します。特に外注の場合はそうでしょうし、社内でのやりとりでもそうあるべきです。

では、プラスαとは何でしょうか。クライアントには、クライアントなりの目的があ

り、それを実現させようと依頼をしてきます。ですから、まずクライアントの目的、希望のイメージを聞きだして、できる限り同じ目線になれるように情報を集めることです。そのうえで仕事を受けた側として、自分たちで一度検証し直す必要があります。そうすることで、よりよいアイデアや新たな方法などを加えて、相手が望む提案が実現するのです。

こうした過程を踏まずに進めると、クライアントの意向を反映させたものがなかなかできずに何度もやり直しする羽目に陥るばかりか、次の依頼も期待できないでしょう。また、何か問題が発生したときも、対応が遅れがちになります。

逆に、クライアントの意向を把握していれば、生じたトラブルをどのように収束させればよいかはおおよそ見当がつくので、クライアントに確認しつつも同時進行で解決へ向けた動きができ、速やかに処理できるのです。

言われたことをやっているだけでは、指示を待つしかなく、しかも出た指示も意向を理解していないので、言われたことしかできないわけで、まさに気が利かない対応にしかなり得ないのです。

肝心なのは予測です。物事を円滑に運ぶためには、まずどのようなことが起こりうるか、トラブルの起きそうなポイントやその可能性、問題点を洗い出し、さまざまな情報を分析して予測を立てます。そしてその予測に沿った対応策を用意しておくのです。それを検証しながら、作業を進めていくのです。こうした積み重ねが経験となり、別の仕事に就いても、容易にリスクや問題点などについて頭が回転してくれるようになるのです。

予測する力とは、シミュレーション力と言えます。シミュレーション力はイメージ力ですから、仕事の流れなどを、どの程度具体的にイメージできるかにかかってくるのです。

3 相手の特性を知る

仕事を進めていくうえで、多くの人たちとかかわり合うと思います。取引先、顧客、会社内でも他のセクションの人たちなど、その顔ぶれは多彩です。こうした人たちと漠然と相対していては、リーダーシップをとるどころか、まわりのペースに巻き込まれ、翻弄されてしまう可能性がないとは言い切れません。

本来の自分の仕事をしたければ、リーダーシップをとるのが一番ですが、表立ってリーダーシップを発揮しなくてもよい場面でも、要所を押さえていれば、まわりに流されることなく、任務を果たせるのです。そのために必要なことは、相手を知ることです。

相手を知るとは、自分と関わるすべての人たちの資質、実績、専門性などを頭に入れて、どのようなコミュニケーションが最適なのか、どの部分を分担したらよいのかなど、これらの情報をもとに判断することです。

もっとわかりやすく、どんな考え方が必要なのかを、運転の状況に照らして、具体的に考えてみましょう。

先行車の動きを予測する第一の情報は、そのクルマがどんな行動をとりがちであるか、種類ごとの特性を知ることで得られます。

①タクシーの場合

たとえば、前を走っているのがタクシーの場合、「いつ停まってもおかしくない」と考えます。そのタクシーが空車であれば、道端に立っている客を拾うために、急に停まる可能性がつねにあります。ですから、その場合は、タクシーを探しながら歩道を歩いている人がいないかにも気をつけて、タクシーを停めそうな人がいたときは、早めに回避できるように準備するのです。

タクシーが人を乗せている実車の場合は、歩道に対する注意はいりませんが、客がいつ降りるかわかりませんから、やはり「いつ停まってもおかしくない」のです。タクシーが二車線道路で左側車線を走っているのであれば、まもなくお客を降ろすかもしれないので、早めに右側車線に入って回避すればいいでしょう。

タクシーが停まったら、待てばいいという人がいるかもしれませんが、自分のクルマが交通の流れを滞らせることになります。何かが起きてからアクションを起こす対症療法では、対応が遅れがちになって、どうしてもスムーズな流れを妨げてしまうのです。ビジネスで成功するタイプの人は、こうした無駄や自分が周囲に迷惑をかける元凶となること自体を嫌います。

これが仕事上の納品であれば、期限どおりに到着しなかった現状を確認してから、はじめてその対策を打つということです。しかし、これでは、その後の発送業者や発送先への迷惑を回避することはできません。要は、タクシーが急に停まったことは自分の責任ではないので、通行の流れを乱したのは自分には関係ないと言っているわけです。納品が遅れれば、どのような事態になるかを予測し、納品が遅れないような対策を事前に講じなければなりません。タクシーが停まる前に対策を講じておくとは、そういう意味です。

あらかじめ発生しそうな問題点を洗い出し、対応策を講じておくことで、イレギュラーな事態にも慌てず即座に対処できるようになります。

②バスの場合

先行車がバスの場合はどうでしょうか。

観光バスなら走行速度は遅くても、目的地まで途中で停まることはまれですから、視界を確保できる車間距離を保っていればよいでしょう。

路線バスの場合は事情が違ってきます。まず、バス停ごとに停まるわけですから、後ろにピタリとついていたのでは、バスといっしょに停車をくり返すことになってしまいます。バスが停留所で停まってからでは、相手が大きく、前方を見通すことができないので、スムーズに抜き去るのは、まず困難となります。

さらに、バスの行き先やルートから、右折や左折も予測できます。特にバス停での停車後に右折をする場合などは、大きく道路を横切っていくことになります。回送車であればバス停に停まることはありませんが、車庫に向かって右折をすることも考えられます。そういったことも事前に予測していれば、バスの動きに翻弄されることはありません。

このように、先行車の動きを予測しておくと、スムーズにクルマの運転ができるようになります。少なくとも、前三台程度のクルマについて、どのような目的をもって走っているかを考えておくとよいでしょう。

走っているクルマは、仮にレジャードライブであったとしても、必ず目的をもっています。自分のまわりにいるクルマについて、それをできるだけたくさん把握しておけば、目の前で展開する事態に応じた他のクルマの動きも、すべてが予測の範囲内となり、安定した動きができるのです。

③トラックの場合

高速道路では、日本の物流を支えるトラックの存在が、ドライバーにとっては最大の注目対象となります。走っている数も多いし、事故が起きれば、その影響は甚大です。

トラックの存在に注意しながら走行していると、高速道路で違う車線を走っているトラックがこちらの車線に入ってくるかどうかは、ウインカーを出す前に予測できるようになります。前述の「間合い」と同じ状況で考えましょう。

トラックの多くは、ウインカーさえ出せば普通のクルマは譲ってくれる、いや譲らざるを得なくなると思っているかのように、強引に車線変更をしてきます（さすが大手の運送会社のトラックはマナーがよいですが）。そのため、普通車はかなり強いブレーキングを強いられることになるのです。

大型トラックの性質を考えてみましょう。車両としては、荷物を満載していると下り坂でない限り、加速が鈍いと言えます。そうなると、運転者の心理として、むやみに速度を落としたくないと考えます。ですから、遅く走っている前のクルマに追いつくと、頻繁に追い越しをくり返すわけです。

こう考えると、トラックは前のクルマに追いつくと車線変更をするという予測が出てきます。車体がこちらの車線に寄ってくる前にトラックの動きを予想していれば、アクセルを踏んでいる力を緩めて、わずかな減速だけで、トラックが入りやすい空間を作ってあげることができます。同時に、ブレーキがかからない程度の軽い減速であれば、後続車も緩やかな減速で済むことになります。

このような手順を踏めば、トラックは速度を落とすことなくスムーズにこちらの車線に移動でき、自分のクルマもほとんど速度を変えることなく、安全にトラックを入れることができます。そして、後続車も車間距離を保ったままでいられますから、ブレーキによるところてん式の減速が起きないので、渋滞が発生することはありません。

トラックの割り込みが危険を伴うときは、ある程度ブレーキを踏まなければなりません。クラクションやパッシングで危険を知らせる必要も出てきます。そうした場合でも、事前にトラックの動きを読んでいることによって、事故につながるような大きな危険は発生しないのです。

道路の状況によって、トラックの動きを予測することもできます。現在の大型トラックにはスピードリミッターがついていて、速度はおおよそ時速九〇キロしか出ないようになっています。しかし、下り坂にさしかかるとそれより速くなることがあり、先行車に異常接近してしまうことが多いのです。

下り坂などスピードを出しやすい状況で、自分が走っている隣の車線にトラックが数台連なり、車間距離が詰まってきていれば、かなりの確率でどれかのトラックは車線を変えて、先行車を追い越そうとします。

その引き金が実は、意外にも隣の車線を走っている自分のクルマなのです。迫ってくるクルマによって追い越しができなくなる前に、トラックは追い越しを仕掛けてきます。自分のクルマが中途半端な車間距離をとっていると、それがきっかけとしてトラックは動いてくるのです。このトラックの割り込みをスムーズにいかせるかどうかは、ドライバー同士の積極的なコミュニケーションがうまくいくかどうかにかかっています。

④車種や相手の能力による違い

たとえば、軽自動車と大型トラックでは、同じクルマでも性能や馬力に大きな違いがあります。もちろん優れた軽自動車も存在しますが、両者を比較すれば、荷物を運んだり坂を上ったりする力、燃費や加速といった点では、明らかに差があるわけです。

これはどちらがよいとか悪いとかいうことではなく、性能に差があることを認識しておくと、クルマごとに予測を立てやすくなります。相手の基礎的な体力を推し量ったうえで、相手がどのように行動するか、どんなことができるかを考えるのです。

余談になりますが、車種やその塗色を見ると、その運転者の性質がどんなタイプなのかを想像させます。これはもちろん「そういう傾向がある」という話ですし、一台のクルマを家族みんなで運転したりしますから、一〇〇%的中するわけではありません。しかし、そのクルマを購入したオーナーが運転していると仮定すると、血液型や星座によって人の性格をある程度分けて考えられるように、数あるクルマのなかからそれを選んだ時点で、その人の嗜好が表れるのは間違いのないところです。

どのメーカーのどの車種を選ぶかという段階で、保守的なのか革新的なのかということもある程度想像がつきますし、クルマのタイプでもおおまかな運転のしかたをイメージすることができます。そして、車種の選び方やグレードを見れば、かなりの確率で運転者を想像させるのです。前を走っているクルマの雰囲気と、運転者の雰囲気がマッチしているかどうか、相関を観察してみてください。面白いですよ。

こうしたことも知識として頭に入れておけば、予測の材料になります。もちろん、それがすべてではなく、情報としての価値がそれほど高いわけではありませんが。

まわりにいるドライバーがどんな運転をしそうか、すばやく想像することも、安全でスムーズな運転には欠かせない要件です。残念ながら、すべてのドライバーのマナーがよいわけではないので、相手の気質がわかれば、余計なトラブルに巻き込まれることもなくなるのです。これもひとつのリスクマネージメントです。私は、これらを含めて防衛運転と呼んでいます。安全運転をさらに高度に進化させたものです。

また、相手がどのレベルまで対処できるかを予測することもできます。たとえば、若葉マークやもみじマークのクルマに機敏で正確な運転操作を求めても無理があります。ですから、こちらは、相手の能力を踏まえて対処する必要があります。それに対して、かなり運転センスのよさそうなドライバーなら、少々無理のある運転を要求しても、うまくそれに対応してくれるでしょう。

特に必然性のない場所でゆっくり走っているクルマに遭遇したら要注意です。曲がる場所を探しているのか、どこか店を探しているのか、違法ではあるが携帯電話をかけながら運転しているのか、あるいは単純に未熟なだけなのかを推測し、それに応じたアクションを起こします。相手を知らなければ、自分の行動を決めることはできないのです。

一方、相手も同じ思考パターンになっているはずです。こちらの様子を見て、どのように対処すればよいのかをそれなりに考えています。お互いに読み合いをしているわけです。

細い道で対向車と出会ったとき、どちらがどのあたりで譲るのかといったことは、そうした駆け引きのなかで決まってきます。それがうまくいかないと、お互い譲り合って時間をロスしたり、強引に入りすぎてどちらも進めなくなったりするのです。

⑤道路の特性

同じ道路を何度も走ると、その道路に関する情報が蓄積されます。よく渋滞するポイント、駐車待ちのクルマが長蛇の列をつくっている人気のプレイスポット、レストランやコインパーキングの位置、自転車が頻繁に飛び出してくる交差点、子供がよく遊んでいる住宅街の道などは、認識さえしておけば、予測の材料となります。

しかし、同じ道でも、曜日や時間帯によってまったく違う様相を見せることがよくあります。特にスクールゾーンのような規制がある道路では、時間帯によって通行ができなかったり、右・左折が禁止になっていることもあります。それに伴ってまわりの道路にも変化が起きるので、そうした変化もあらかじめつかんでおくに越したことはありません。

毎日、同じ時間帯に同じ道を通っていると、変化はあまり目立ちません。ところが、たまたま違う時間帯に通過すると、同じ道路とは思えないほど状況が違うこともあり得ます。そんなときに、いつもと同じつもりで運転していると、思わぬアクシデントが待ちうけているかもしれません。毎日通る慣れた道が最も危険と言われているからです。慣れによって、予測する頭も疑う頭もお休みしてしまうのです。仕事でも、慣れたころにミスが出るのは、ここに一因があります。ですから、私の会社でも、初任から一カ月くらい経ってから要注意の指導を徹底しています。

POINT

[予測力 ①]

- 相手の動きを事前に推測する
- 相手の要望を同じ目線で理解する
- 物事をうまく進めるコツは相手を知ること

4 予測力と技術は意識的な経験によって培われる

周囲のクルマが次にどんな動きをするかを予測する力は、日々の運転のなかで磨いていくものです。貪欲に知識を蓄え、さまざまな経験を積んではじめて本物の予測力を自分のものとすることができます。それは運転技術も同じです。

クルマの運転にも理屈はあります。どうすれば高度なテクニックが使えるようになるか、言葉や文章で説明することは可能です。そして、その通りにやればできるはずなのです。ところが現実には、自分で運転してみないことにはなかなかうまくいきません。多くの時間をかけて試みることで、徐々に技術は磨かれていくのです。蓄積がものをいう部分は、確実にあります。

日本の免許制度で面白い現象が起きています。本来、セーフティードライバーに与えられるはずのゴールド免許の所有者の多くは、実際にはあまり運転がうまくないということです。ゴールド免許は、スピード違反や駐車違反などを犯していない人に与えられます。軽微な違反でも違反は違反ですから、日常的に運転をしている人にとっては、ゴールド免許は安全運転を実践している証明になります。ところが、日常的に運転していない人も、ただ違反を犯していないというだけで、ゴールド免許を与えられるのです。

ペーパードライバーはほとんど運転しないので、違反を犯しようがありません。しかし、彼らが本当にセーフティードライバーかといえば、そんなことはありません。ほとんど運転の経験がないのですから、実際にハンドルを握れば、危なっかしい運転をすることは目に見えています。

クルマの運転は、意識的な経験の積み重ねによって上達します。ただ漠然と運転しているのではなく、危険を予測し、それを回避する方法も、クルマを思い通りに操るテクニックも、意識をしてくり返し練習する日々のなかで徐々に身につけていくものなのです。

5 他人の経験に耳を傾ける

いくら経験が大事だといっても、あらゆる状況を経験することはできません。一人の人間が経験できることは限られていますから、他人の経験から学ぶ必要が出てきます。人の成功や失敗を見て、そこから自分に応用していくことが肝要です。いわゆる転ばぬ先の杖です。

クルマの場合、失敗は事故に直結するので、誰だってできればそんな経験はしたくないものです。そのため、他人の経験に耳を傾けることが、より一層重要になってきます。クルマの運転をしていて、ヒヤリとした瞬間は誰にでもあると思いますが、実際に危険が伴う体験というのは、そう多くはないでしょう。第一、通常の街中でそんなに頻繁に危険な目に遭うようなら、そもそもクルマの運転をしないほうが無難です。

ですから、自分が体験できることには限りがあります。そのため、たくさん経験を積んで運転がうまくなりたいと思えば、他人の経験談を聞いて自分のものにしなければなりません。そのためには、他人の話からより多くの情報を引き出す努力が欠かせません。

他人の経験を自分の頭のなかでシミュレーションしてみて、どんな対処法が最善なのかということを考えます。そして、実際にそれを実行してみたところを想像するのです。イメージトレーニングです。

たとえば、知人から「冬の雨上がりの朝、いい天気で路面も乾きつつあったので、普通に走っていた。下り坂のカーブでブレーキを踏んだところ、突然スリップし、側壁に衝突した。ビルの陰で前日の雨が凍結していたのに気づかなかった」という話を聞いたとします。そこから、冬の雨上がりの朝は、日陰の凍結に注意をしなければならないことを学びます。さらに、季節によっては道の端に落ち葉などがたまっていて、そこも大変滑りやすいといった情報も得ることができるかもしれません。

こうしたことを知っておけば、次に自分が同じような場所を通るとき、速度や轍《わだち》などに気をつけて走るでしょう。そのおかげで、クルマをぶつけることなく安全に運転することができるのです。

友人や知人とクルマ談義に花を咲かせれば、誰かがちょっとした失敗談などを語るものです。せっかく貴重な体験を披露してくれたのですから、笑い話で終わらせずに、なぜそうなったのか、自分なりに分析してみましょう。

「対向車が突然やってきたから、ハンドルを切ってブレーキをかけたら横滑りした」という話なら、なぜ横滑りしたのか、どうすれば横滑りを避けられたのかを考えます。そして、先にブレーキを踏んでいたらどうなっていただろうといった仮説を立てるのです。そして、その仮説が正しいかどうか調べたり、詳しい人に納得できるまで話を聞く努力が必要です。

ちなみに正解は、直進状態でブレーキをかけてからハンドルを切れば、クルマの方向はちゃんと変わっていたと思われます。なぜなら、ブレーキによってクルマが減速すると、前に重心が移動し、フロントのタイヤと路面の摩擦力が増します。ですから、ハンドルを切っても、タイヤが強く路面に押し付けられた状態なので、より曲がりやすいと言えるからです。このことを学んだら、ハンドルを切ってからフルブレーキングするのと、強くブレーキングしてからハンドルを切るのを、安全な場所を探して試してみるのです。

自分が運転中に同じような危険が迫ったとき、頭で理解していても、身体は動いてくれません。ですが、一度でも経験しておけば、この程度のことは容易にできるようになります。ハンドルを切って逃げようとするのではなく、まずブレーキを踏んで減速したうえで、ハンドルを切るほうが安全だということを学習することになるのです。

こうしたことは、自動車競技をしている人なら当たり前のように知っています。彼らはそういったことを知識として勉強していますし、実際に練習しているからです。クルマを壊した経験もあるかもしれません。でも、ギリギリの体験をしているからこそ、どのタイミングでハンドルを切るかが身に染みついているのです。

一般のドライバーはクルマを壊すほどの練習はできません。ですから、危機回避の限界経験は圧倒的に少ないと言えます。それだけに、他人の体験談は貴重な財産となります。

余談ですが、クルマは正面からぶつかることに対して、高い安全性が確保されている乗り物です。最近のクルマは、軽自動車を含めてエアバッグがついていますし、ボンネットはクラッシャブルゾーンとして衝撃を吸収します。エンジンはぶつかると同時に下に落ちますから、運転席に飛び込んでくることもありません。

これらの安全に配慮した設計は、正面衝突において一番力を発揮します。変にテクニックを使ったつもりで横からぶつかるよりも、正面からぶつかったほうがましなのです。

6 好奇心が自分を育てる

私の会社の運転サービス士が、お客様である会社役員や政治家などについていると、会合などの待ち時間で、同業の人と顔を合わせるチャンスがあります。そんなときは、アクシデントやトラブルの情報交換の場となります。そこでお互いに自分の体験談を語り、その内容を自分なりに解釈して、同じ失敗をしないように心がけているのです。

他人の経験を自分の経験として生かすことができれば、たくさん場数を踏んでいるのと近い状態に自分をもっていくことができます。

酒の席でも、先輩などがさまざまな体験談を話してくれることがあります。それを面倒くさがったり、くだらない世間話にすり替えたりしていては、せっかくのチャンスを棒に振っているようなものです。先輩は後輩のためになると思って話をしてくれているのですから、仮にくだけた席であったとしても、自分のものにできるように受け取ることが大切です。

多くの人たちは、そのような話を聞いても、その場限りで忘れてしまいます。しかし、それはもったいないことだと思います。他人の体験談が無駄になることはありません。そんなとき自分ならどうするか、イメージしながら聞けば、さらに身につくはずです。そういう好奇心や積極性が、自分自身を育てる原動力になるのです。

人の話というのは聴く気にならないと聴けません。普通に聞いているだけでは、吸収できません。「聞く」と「聴く」の違いを意識しましょう。上の空ではダメなのです。

たとえば、自分が次に何を話そうかなどと考えていると、相手の話はまったく頭に残らないでしょう。人の話はじっくりと受け止める気持ちで、聴かなければいけないと思います。そうすれば、他人の経験を理解して自分のなかに取り込むことができるのです。

POINT

[予測力②]

●予測力も運転技術も、意識的経験の蓄積が大事

●他人の失敗に学び、イメージトレーニングで自分のものにする

●人の話は「聴く」のであって「聞く」ではダメ

第5回

仕事術講座　決断力と実行力

一度決めたら迷わず行動する

1 積極・即刻・徹底

クルマの運転は一瞬の連続のなかで、そのときどきで適切な判断が求められます。状況を見きわめ、一度決断したら、すぐに実行に移すことが大切です。

なかなか決断しない、決断してもすぐに実行に移さない人がいますが、もたもたしているのが一番よくありません。周囲があなたの動きを待っているのです。周囲は動きたいのです。そのことを理解できないことに問題があるのです。タイミングの遅れが交通の流れを妨げ、渋滞を引き起こし、周囲への迷惑の原因となります。

仕事場で、上司から「まだできていないのか」とか「まだ連絡していないのか」などと叱られている人はいませんか。あなたは大丈夫ですか。仕事は、積極的に取り組むのはもちろん、上司から指示を受けたことは、即刻とりかかる必要があります。

ここで最も多いパターンは、自分の仕事の都合で、勝手に後回しにしてしまうことです。周囲の状況を理解しようとせずに、自分の都合で渋滞を引き起こしてしまうことと同じです。あなたに指示を出した段階で、どの程度の労力がかかり、他の仕事との兼ね合いを考慮して、どのくらいで報告がくるか、上司は計算しています。ですから、期限を含めて指示しているのです。それを軽く考えてはいけません。上司からの指示は何より最優先で、即刻おこなわなければなりません。そして、期限までに要求に応えられないときは、中間報告をして、あらためて指示を請う必要があるのです。

なかなかうまくことが運ばずに中途半端な状態でほったらかしになっている仕事はありませんか。仕事はどんな状態であるにしろ、決着をつけなければ先へ進めません。たとえまずい結果であっても、ベストを尽くしての結果であれば、失敗は成功の元になります。やりかけた仕事は、最後まで徹底しましょう。

運転中に、右折をしたがっている対向車を見つけたとき、こちらが親切心で速度を落としてあげる場合があります。しかし、こちらのそうした行動に気づかず、もたもたしていて右折できなかったり、こちらが完全に停止しなければならない羽目に陥ったりすることもあります。

このように相手のシグナルを見落としがちな人は、仕事上でももたつくことが多く、周囲の配慮を生かすことができません。一度「もたもたする人」「トロい人」というレッテルを貼られると、それを覆すのは並大抵のことではありません。場合によっては、一緒に仕事をするのを敬遠されるようになるかもしれません。

2 本当の親切を考える

クルマを運転するにあたって、いつも他のクルマに譲るのが親切だと思っている人がいます。そうすることで安全が確保できると信じ、それを模範的な運転だと思っているのです。しかし、それは大きな間違いです。

譲るべきときは譲るのがマナーですが、「つねに譲る」といった型にはまった運転は、たとえ親切心から出たものでも、かえってまわりのクルマに迷惑なケースがあります。

たとえば、合流地点で出会った二台のクルマの運転手が、どちらも譲ることのみを信条としていたらどうなるでしょうか。「お先にどうぞ」とお互いに促すだけで、一向に前に進みません。そうなると、それぞれのクルマの後続車も停止することになり、それが原因で渋滞が発生してしまいます。先頭車同士は親切心から譲り合っているつもりでも、後続車にしてみれば大迷惑です。

譲るか譲らないかは、そのときどきの状況や相手との駆け引きによって決まります。状況に応じて、その都度決断するしかないのです。「つねに譲る」というのは、言いかえれば、決断の放棄です。それでは刻々と変わる状況の変化に対応できません。

そして、譲らないほうが親切なケースもあります。

自分の車線が渋滞しているとき、対向車線から来たクルマが右折しようとしていたとします。普通に考えれば、先行車との間を空けて、曲がらせてあげるのが親切だと言えるでしょう。しかし、必ずしもそうではないのです。

出会い頭の事故のひとつに「サンキュー事故」というのがあります。これは、前述のようなシチュエーションで右折車を通したときに、自分の左側をすり抜けてきたバイクなどと、右折してきたクルマが衝突する事故を指します。この場合、法律上は右折したクルマが悪いのですが、考えようによっては、通してあげたクルマの不注意だと言えないこともありません。

右折しようとしているクルマを通してあげるのは親切です。自分の車線が渋滞していればなおさら一台の右折車を通したからといって、前後のクルマに大きな迷惑がかかることもありません。しかし、左後方からバイクや自転車が来ているかどうかは、右折車よりも自分のほうが見やすい位置にいるわけで、事故防止の観点からすれば、自分でチェックすべきです。もしバイクの存在を確認したら、右折車を通さないことも親切だと言えるでしょう。

それだけではありません。右折車を通すために自分がバックする必要性があるとき、後続車との車間が異様に空いていれば、たとえミラーやバックミラーに何も映っていなくても、その間にバイクがいることも考えられます。それを考えずに後退すれば、今度は自分が事故を起こすことになるのです。

人は、意識のキャパシティが一〇あるとすると、前を空けて譲ろうということに八使うと、同時にバックすることには二しか使えないのです。ですから、前を空ける行為とバックする行為を意識的に分けておこなわなければならないわけです。同時に複数の行為をしているときは、このことを忘れてはなりません。運転中の携帯電話が危険と言われるのは、こういう理由です。

このように、あらゆる可能性を検討して、次の行動を決める必要があります。その場の状況をしっかり把握し、ここで自分がどんな行動をとることが一番よいのかを判断し、実行しなければなりません。

実際に起きる事故は、運転者の不注意などの過失が主な原因だと言われますが、その本質は、事故を起こした時点での行動ではありません。そのひとつ手前での行動に起因しているのです。状況はつねに変化しているため、仮にそれが自分の目で確認した情報であっても、わずか数秒前の状況と今この瞬間が同じだとは限りません。情報はつねに頭のなかで上書きされていなければならないのです。

3 情報不足は決断を誤らせる

クルマの運転には数多くの判断が求められます。それらを一つひとつ的確に決断することで、クルマはスムーズに走っていきます。しかし、場合によっては決断をしない人もいます。正確に言うと、決断ができないのです。その理由は、情報が不足しているからです。あるいは、情報があったとしても、その信憑性《しんぴょうせい》が著しく低いからです。

たとえば、狭い道でバックをする際に何度か切り返す必要があったとします。道路の状況から、バックをはじめるにあたって、後ろに何か障害物があったかどうか、不安になることがあります。そうなると、バックをするという決断に対して躊躇《ちゅうちょ》し、動作を停止してしまうことになります。

この場合、原因は明らかに情報不足です。切り返す前に一瞬見た状態が曖昧で、現在ミラーで見える部分は限られています。見たはずの情報の信憑性は低く、現段階ではバックするのに必要な後方の情報の多くを入手していないわけです。決断ができないのはそのためです。

ここで、「たぶん大丈夫だろう」と考えてバックすると、うまくいくこともあれば、何かにぶつかってしまうこともあります。最悪の場合、しゃがんだ子供が隠れていて、取り返しのつかないことになることもあります。

考えてみてください。リーダーが仕事を進めるには数々の決断を求められます。あなたが部下だった場合、あなたが上司に伝える情報が曖昧だったり、間違っていたりして、上司は正しい決断が下せるでしょうか。あなたが上司だった場合、部下からそのような情報しか上がってこないとしたら、どうでしょう。そんな情報にもとづいた決断は、仕事上の大事故を引き起こしてしまうはずです。

こうなると、とるべき道はひとつしかありません。新たな情報をリーダー自身で収集して、確認するのです。クルマから降りて自分の目で後方を確認し、あとどれくらい、どの方向にバックすればよいかを判断するのと同じ行為です。

このように、つねに新しい正確な情報を入手していれば、決断を躊躇して物事を滞らせるということはなくなるのです。

POINT

[決断力と実行力 ①]

- ●運転も仕事も「積極・即刻・徹底」が大切
- ●本当の親切を考える
- ●情報は必要十分かつ鮮度を保つ

4 迷いは禁物

クルマを運転しているときに、いったんやろうと思った行動をやめるのは危険が伴います。絶対やってはいけない行動のひとつです。

たとえば、あなたが左折をしようとウインカーを出して、左に幅寄せしていった後に、曲がる場所が違ったと気づき、左折を止めて直進に戻ったとします。このとき、最も危ないのは、あなたの突然の動きです。後続車両にとって、あなたの行動は予想外となっています。すでにあなたのクルマをすり抜けようと加速もしていますし、ぎりぎりのところを通過していることが多いのです。したがって、あなたが唐突に元へ戻ろうとすれば、接触を免れません。相手がバイクならば転倒し、ライダーが投げ出されたところをさらにトラックなどにひかれてしまうかもしれません。あなたのほんの少しの迷いが、重大事態を引き起こす可能性を秘めているのです。

リーダーは、仕事上で突然方針転換せざるを得ないことがあります。おおむね見切り発車したことが原因でしょうが、間違いに気づいたら、即、修正が必要です。そのとき、全体や影響を及ぼす部分への配慮は必要不可欠です。

リーダーだからと、とっとと自分だけいいように方向を変えても、まわりはついてこられません。方向を変えますよというサインを「間合い」をとって出し、向かうべき方向を示す、しっかりとしたコミュニケーションが大切です。

5 沈着・細心・大胆

私が勤めていた大手予備校で、受験生に受験時の心構えとして指導に加えたのは、「沈着・細心・大胆」という言葉です。自分自身が平社員のときは、なかなか自分のものとして実感するのは難しかったのですが、企画課を任され、本部の課長というポジションになると、その意味を考えるようになりました。

企画課は自分が中心になって仕事を進めなければなりませんし、企画立案・計画・実行・結果報告までのすべてを仕切らなければなりません。新しいことを形にしていかなければならないので、そのときはじめて、この言葉が生きてきたのです。

仕事を進めていくうえで、状況の分析はあくまで冷静におこなわなければなりません。

陥りがちなのは、思い入れに支配されることです。企画意図が妥当なのかどうかに客観性と企画者の思いがどのように絡んでいくか。そこを沈着冷静に判断することが大切です。そのうえで、細心の注意を払って準備し、万端を整えたら、大胆に実行するのです。一度決めたら、今度は大胆に行動するということです。

この言葉は、クルマの運転にも当てはまります。興奮状態で運転していては、必要な情報を収集することができません。冷静でなければ、まわりの状況を正しく把握することができません。的確な決断を下すための材料を見逃すこともあります。

そして、細心の注意をもって、あらゆる可能性を検討します。そして、今この瞬間、自分のクルマをどう操るのがよいか、次はどこにもっていけばよいかということを判断します。その結果、追い越しをかける必要があると決断すれば、その実行は大胆におこないます。一度しようと思ったことを、新たな障害が発生していないにもかかわらず中止すれば、まわりのクルマの予測を裏切ることになり、大変危険です。一度やると決めたら、迷うことなく大胆におこなわなければ、トラブルの原因になるのです。

たとえば、高速道路で合流しようとしていて、次のクルマの前で入ろうと決断をしたとします。そのとき、そのクルマが意地悪をしてクラクションを鳴らしながら、間隔を詰めてきたとしたら、どうしますか。躊躇して合流をやめますか。それとも決めたことをそのまま実行しますか。

危険と隣り合わせの問題なので一概にこうとは言えませんが、こちらが実際に入ろうとする前にクラクションを鳴らしたということは、そのクルマにはまだ余裕があるはずです。ブレーキではなくクラクションであること自体、そのことを証明しています。

このように考えると、クラクションを鳴らされたとしても、こちらが入るのをやめる場合に後続車にかかる迷惑などから総合的に判断すれば、そのまま合流するという選択肢もありえます。とはいえ、相手が余所見《よそみ》をしていたりして、本当に慌ててクラクションを鳴らした可能性も皆無とは言えませんし、また相手が気の荒いドライバーだったりすると、別のトラブルに発展する可能性もあるので、そのあたりのことは、目視やミラーで確認して、タイミングをはかって実行する必要はあるでしょう。

要するに、自分で細心の注意を払って確認し、いけると判断したのであれば、迷わずに大胆に行動することです。それにより、周囲へのアピールが明確になります。迷った挙句に合流を中止すれば、そのクルマだけではなく、後続車もブレーキをかけることになります。そのときに事故などが起きる確率が高いのです。

クラクションを鳴らしている以上、相手のクルマは合流を歓迎していません。それは、自分がもつ間合いと、合流しようとするドライバーの間合いに違いがあるからです。ドライバー同士の間合いの違いが、必ずしも決定的な危険に発展するとは限りません。どちらかが大丈夫だと判断して大胆に実行すれば、案外うまく入れるものなのです。

ただ、万一ということもあります。常に「～かもしれない」を考えて、最悪の事態に備えておく必要はあると思います。仕事でも、一度決めたら大胆に進める必要がありますが、予期せぬアクシデントが起こったときに、それに対応できる体制や余裕をもっておくことです。大胆に進めても、細心の注意を怠ってはいけません。

6 信念をもってやり抜く

ある企画を実行するとき、それがデータ的にどれほど成功する可能性が高かったとしても、成功が約束されたわけではありません。仮にそんなものがあるとすれば、同業他社もすべてその手法を使うはずです。しかし、現実にはそんな企画などあろうはずもなく、最後は担当者の信念で決めるしかありません。どんなにデータをそろえ、マーケティング調査をしても、絶対に成功するとは言えないため、あとは担当者が「いける」という強い信念で実行するしかないのです。

物事を成功させるコツは「成功するまでやり続けること」と言われますが、まさに至言です。失敗したからといってそこでやめるから失敗であり、成功するまでやればそれは成功なのです。とはいえ、実際は資金面の問題もありますが……。

本気で「いける」と思ったら、組織のなかでコンセンサスを得て実現への段取りを進めます。上司を説得して、後ろ盾になってもらえれば、組織としての総合力が発揮されて、予測以上の力を発揮できるようになります。そうなれば、少々問題がある企画でも、最後には成功を収める可能性が高まります。

そのためには、企画を練りはじめた段階から、頻繁に情報を発信する必要があります。上司を巻き込み、判断やアドバイスを仰ぐ状況をつくるのです。上司は権限をもっているので、自分にはできない他部門への根回しや、経費などの決済をしてもらうように仕向けます。実際にイニシアティブをとっているのは自分であっても、上司の力を借りることで、段取りはスムーズに進行します。こういう手順を踏んでおくと、最終的に企画を実行に移すかどうか議論になったときには、まわりがすべて実行する方向でネゴシエートされて固まっていることになります。あとは企画者が信念をもって成功へと邁進するだけです。

信念が足りず、集めた情報に確信がもてなかったりすると、うまくいく企画もダメになってしまうわけです。クルマの運転で迷いが出るときと同じです。その動作を実行するための情報や経験が足りないために、迷いが生じます。

正しい情報をもっていれば、あとは勇気と決断力の問題です。沈着・細心・大胆を行使していけば、周囲は動いてくれます。

POINT

[決断力と実行力 ②]

- 迷いは禁物
- 「沈着・細心・大胆」を心がける
- 強い信念がまわりを動かす

第6回

仕事術講座 リーダーシップ

イニシアティブをとって周囲を動かす

1 先にアクションを起こす

リーダーになろうとする人は、物事の優先順位を見分ける術を心得ているため、クルマ同士の関係においても、その場の優先権を握ることと、妙な意地の張り合いをしてスムーズな運転が妨げられることのどちらが大事か、すぐにわかります。ですから、お互いに情報をやりとりするなかで今、自分がとるべき行動を見きわめて、自分を優先するか相手を優先させるか、瞬時に判断を下すことができます。そのため、仮に優先権をとろうとする人が同時に複数現れたとしても、そこに問題は発生しないのです。

社会のコミュニケーションがそうであるように、クルマ同士のコミュニケーションでも、積極的に他のクルマに働きかけて、自分の思ったように周囲を動かそうとするリーダータイプと、どちらかと言えば控えめで、相手の意向を尊重してそれに従うタイプがいます。

クルマの運転でリーダーシップを発揮すると、大きな見返りがあります。というのは、まわりのクルマが自分の思い描いた通りに反応してくれるようになれば、最短時間でスムーズに目的地に到達することができるからです。

それにはまず、まわりのクルマの行動を読むことからはじめなければなりません。集めた情報をもとにまわりの動きを予測し、それに対して先手を打って行動することで、自然とリーダーシップがとれていることになります。

こちらが先にアクションを起こし、まわりがこちらの期待する動きをせざるを得ない状況をつくれば、必然的に期待した結果が得られます。つまり、コミュニケーションの主導権を握るのです。ところが、積極的な意思表示を怠り、打つ手が後手にまわれば、別のクルマに主導権を握られ、そのクルマの思うままに動かされることになって、こちらとしては非効率的な動きを強いられるのです。

ここで、ひとつの疑問が生じます。誰もが自分の思いのままに相手を動かそうと望んだら、クルマの流れはどうなるかということです。

しかし、これは現実的に考えればすぐに解決します。というのも、リーダーシップをとるための理屈はわかっていても、実際にそれができる人は限られているからです。主導権をとりたい人はそのための資質と訓練が必要ですが、性格的にそれを望まない人も大勢います。むしろ、望まない人のほうが圧倒的に多いのです。

するると今度は、主導権をとりたい人同士が鉢合わせをした場合、そこに衝突が起こるのではないかという疑問が出てくるかもしれません。しかし、それは杞憂です。

2 不得意な人の立場に立つ

クルマの運転をしているとき、スムーズに流れに乗って少しでも早く目的地に着きたいのであれば、イニシアティブをとった運転が必要です。先手をとってまわりのクルマに積極的に働きかけながら、自分の意思を実現していきます。

しかし、なかには初心者や高齢者など、クルマの運転自体がテキパキといかないドライバーも多く存在します。彼らもまた同じクルマの流れのなかにいるのです。そうしたドライバーに対しては、思いやりをもって接することが大切です。特に、自分がイニシアティブをとって運転しているのであれば、若葉マークやもみじマークをつけたクルマが合流しようとしていたら、率先して入れてあげるようにするのです。もちろん、流れを妨げないような「間合い」をとって速度コントロールをするという前提ですが。

イニシアティブをとれるということは、そうでない人の技量までもカバーできるということなのです。クルマの運転が不得意な人や慣れていない人は、まわりの状況をよく飲み込めていません。ですから、障害物を目の当たりにして、はじめて進路の変更を考えるのです。右折や左折もそうです。自分が曲がるべき方向に気づくのが遅れることも少なくありません。

また、自分のクルマの動きについても注意が必要です。運転が不得意な人のクルマのまわりで、イレギュラーな動きをしたり、予測不能な進路変更をしたりすると、相手はパニックに陥ります。そうしたことのないように、できるだけ早めの合図を出して、こちらの動きを理解しやすいように配慮することが必要です。

さらに、そうしたクルマが近くを走っているときは、自分のクルマだけではなく、そのクルマのまわりにも注意を払わなければいけません。そして、そのクルマもスムーズに流れに乗れるように、サポートする必要があるのです。

職場は、さまざまな人々がひとつの目的に向かって協力し合うコミュニティです。自分一人突っ走っても意味がなく、突っ走れる余裕があるならば、遅れがちの人やミスをしてやり直しが必要な人をサポートしながら、全体を引っ張ることが必要です。これができれば、本当の意味でイニシアティブをとっていると言えるでしょう。

イニシアティブをとるということは、そういうことなのです。自分が中心になって物事を動かす特権を手に入れるように見えますが、実は、それと同時に、周囲に対して人一倍気を配り、カバーをする力を有しているということなのです。

3 リーダーシップを望む人と望まない人

共同作業のまとめ役は大変です。責任も大きくなります。しかし、人を動かすリーダーには大きなやりがいがありますし、達成したときの満足感も人よりも大きいはずです。ただ、ここで気をつけなくてはいけないのが、イニシアティブのとり方です。いくら仕事上必要だといっても、自分が前面に出て奪うような形になれば、まわりの人はついてきてくれません。最悪の場合、相手の気持ちを考えないわがままな人だと思われてしまうでしょう。

ですから、イニシアティブやリーダーシップは、自分から積極的にとるのではなく、周囲の人たちから推されてとるポジションにつくようなスタンスが望ましいのです。

消極的になれと言っているのではありません。積極的にイニシアティブを求めるのではなく、周囲からリーダーにふさわしいと思われるような気配りと配慮と実力を備えることです。周囲の気持ちや個々の価値観を慮りながら、自然とイニシアティブをとっているようになるのです。そうすれば、仕事で求心力が得られますから、よりスムーズに進行することができるようになります。

POINT

[リーダーシップ]

●相手の動きを予測し、それを見越したアクションを先に起こす

●不得意な人をカバーできる力量が「できる人」の価値と思え

●イニシアティブは、人から推されてとるもの

第7回

仕事術講座　気配り力

相手の気持ちになって考える

1 同乗者の乗り心地にまで気を配る

いよいよ上級編です。仕事術とクルマの運転の真骨頂ともいうべき、基本的でありながら、普段忘れがちなことを再認識しましょう。「できる人」がそうでない普通の人と違うところ、それがここにあります。

クルマの運転をしているとき、一緒に乗っている人の乗り心地に気を配っていますか。自分の運転に悦に入って自己満足で終わっていませんか。わざと乱暴な運転をして、同乗者の気分を悪くさせようとする人はいないでしょうが、乗り心地は加速やブレーキの微妙なタイミングの違いによってすぐに変わってしまうものなので、同乗者を快適な気分にさせるのは、実はなかなか難しいのです。

事故が起きたとき、運転者が助かっても、助手席の人が大ケガをしたり、命を落としたりすることがあります。そこに至るにはさまざまな要素が複雑に絡み合っているため、一概に何が原因だとは断定できませんが、クルマの動きに対して、同乗者より実際に運転している人のほうが適応しやすいということは言えるでしょう。

一般のベテランドライバーのなかにも、自分のクルマをなめらかに動かしたいと考えている人はいるはずです。そういう人は、できるだけ丁寧に運転するように心がけているでしょう。ところが、ふと横の同乗者を見ると、発進や停車の際に、身体が前後に動いていたり、カーブを曲がっているときに身体が遠心力で大きく傾いたりしているのです。

ドライバーの身体が、必要以上に揺れることはありません。自分のタイミング、自分のリズムで運転しているため、それに合わせて身体が自然に反応して構えているからです。次の瞬間のクルマの動きをあらかじめ予測し、それに備えて身体が無意識のうちに態勢を整えているので、実際に揺れが発生したとき、それほど大きな衝撃を受けないのです。そもそもドライバーはハンドルを握っていますから、自身がフラフラしていたのでは、安定した運転ができないでしょう。

ところが、同乗者はクルマの動きを予測していません。そのため、クルマの揺れに身体がそのまま反応してしまうのです。

ドライバーが遠心力や重力を考えたアクセルワークやハンドリングをしていれば、動きが予測できない同乗者であっても揺れることはありません。このようなことを心がけてクルマを動かせば、同乗者も快適な気分で乗っていられます。「運転がうまいね」とほめられることもあるでしょう。

「できる人」は、自分の行為がパートナーにどのような影響を与えているかをつねに意識しています。そのためには、独りよがりを排除し、パートナーを心地よくさせたいと思う気持ちがなければなりません。

2 ほめ言葉はさらなるやる気につながる

人に感謝されることは、ドライバーに限らず、モティベーションアップにつながります。特に「運転がうまい」というほめ言葉は、ドライバーの向上心をくすぐります。免許をもっている人なら誰でも、運転をほめられたらうれしいのです。

レーサーの場合、「運転がうまい」という評価は、人より速く走れてクルマを壊さないこと、つまり高度なドライビングテクニックそのものを指します。しかし、一般のドライバーに対しては、テクニック云々ではなく、そのクルマに安心して乗っていられるかどうか、乗り心地がどうかというのが評価の分かれ目になります。

安全性と乗り心地を念頭において、アクセルやブレーキの操作に気を使い、ハンドルも丁寧に切ることです。クルマの動きがスムーズなら、同乗者は気分よく乗っていることができます。それが「運転がうまい」という評価につながるのです。

これはクルマをなめらかに動かすテクニックだけの問題ではありません。同乗者のことまでを考えた運転をしているかどうか、大事なのはその点です。

同乗者を喜ばせたい、気に入ってもらいたいと思って運転していると、アクセルワークやハンドル操作に工夫が生まれます。無駄なブレーキングもしなくなります。それが同乗者を満足させ、ひいては感謝の言葉となって自分に返ってくるのです。

3 「ありがとう」のひと言が聞きたい

仕事においても、まわりにいる人や買ってくれるお客様に、自分の仕事を認めてもらい、「ありがとう」と感謝されれば、俄然やる気がわいてくるものです。

仕事に対するモティベーションは人それぞれですが、ほめられたい、期待されたいという欲求は誰もがもっているはずです。その欲求を満たすには、自分の仕事をきっちり仕上げるだけでは足りません。相手のことを思いやり、その希望をかなえてあげることで、はじめて感謝の言葉を引き出すことができます。

仕事は、社内外を問わずチームプレーでおこなわれます。多くの人とかかわりながら、一つの目的に向かって全員が協力しなければなりません。一連の流れのなかで自分の役割をはたしているとき、その人はまさにドライバーと同じ立場にいると言えます。この場合、同乗者はその仕事にかかわる他の人全員ということになるでしょう。

自分のことしか考えない仕事のやり方をしていると、周囲の人はそれに振り回されます。自分ではどう仕事を進めるかを理解しているため、問題ないかもしれませんが、まわりの人はあなたの仕事の進め方が見えていません。本来ならば、自分がどういう具合に仕事を進めていくか、他の人たちに知らせて、必要な協力を得るようにしなくてはいけません。さらに、まわりの人が気分よく協力してくれるような配慮も必要です。そういったことができないと、仕事はうまく流れていきません。

ほめられたい、期待されたいというのは、仕事をするうえでの基本的な欲求です。他人から評価されたい、自分を認めてもらいたいという気持ちは、自分だけがよければいいという自己満足を超えた、人が本来もっている普遍的な欲求なのです。

ですから、そういう思いに向かっているときは、仕事が楽しくて、やりがいもあります。そのために努力し、その努力が認められて相手から「ありがとう」の一言が聞ければ、それまでの努力が報われて満足感を得られるだけでなく、さらに努力を重ねるための強い原動力となります。

しかし、そうでないときは極端にモティベーションが下がります。自分のやっている仕事に意義を見出せなければつまらないし、そもそも本人が嫌々やっている仕事に、誰が期待をかけてくれるでしょう。もともと期待されていなければ、けなされることはないかもしれませんが、注目されることすらありません。周囲からの評価は下がり、誰からも尊敬されません。それがひどくなると、自分の存在価値に疑いをもつようになります。「誰からも相手にされない→自分などいなくてもいい」という負のスパイラルにはまってしまうのです。

自分のことは、他人に理解などされなくても関係ない、自分だけがわかっていればいいという考え方は間違っています。他人の目を気にせず、自己評価だけでモティベーションを維持することはできません。他人から評価され、感謝されてこそ、自己評価も上がってくるのです。そこを取り違えてはいけません。

人は社会とかかわり、生きているので、社会の評価から逃れることはできません。さまざまな社会（家庭・学校・会社・クラブなど）でのそれぞれの評価を謙虚に受け止め、より高い評価を求めて努力していくのです。さらに他人のために尽くす気持ちがあれば、それはやがて自分に返ってきます。

4 人に喜んでもらうために

こうした行動の原点には「人に喜んでもらうためには何をすればよいか」という視点があります。仕事の場合はその対象がお客さまであり、「お客さまを喜ばせるために自分にできることは何か」を考えて、行動しなければなりません。決して自分本位のサービスを押しつけてはならないのです。ビジネスですから商売になることが前提ですが、それは必ずしも直接的な利益だけを求めるものではありません。

現代の風潮として、「自分のために」という考え方がもてはやされているようです。「自分のために生きる」、「がんばった自分にご褒美」といった言葉のベースには、人のアイデンティティーよりも、自分の個性を尊重しようという考え方があるようですが、ここに大きな誤解がある気がしてなりません。

人にはそれぞれ個性があり、それは尊重されるべきものです。しかし、個性とはわがままのことではありません。「自己尊重」は「自分がしたいことをしたいようにする」「まわりがどう思おうが関係ない」こととイコールではないのです。

メディアの影響も大きいのでしょうが、自分を輝かせることが第一と考え、外見など上辺だけを磨くことに熱心な人が多いようです。しかし、こうしたことは本来手段であり、目的ではありません。人の行動には、どんなことにも目的があります。自分を輝かせるのもいいですが、その先にはいったい何があるのでしょうか。

自分を磨くのは、自分が成功するためだと考えている人が多いようですが、仕事上の成功も、基本的には手段のはずです。何のために成功したいのか、成功の先に何があるのか、そのことがなおざりになっているのです。

私は、人は人のために生きてはじめて生きた価値があると考えています。仕事は、そのひとつの手段です。求める人、すなわちお客さまに満足をしてもらうためにおこなうものです。

人の行動は他人が喜ぶもの、すなわち他人のためになるものでなくてはならないはずです。他人が喜ぶことで、その恩恵が自分にも還元され、それが成功につながるのです。そして、達成感、充実感で満たされ幸せを感じるでしょう。

そのように考えれば、自分だけがうまくいけばいいなどとは思わないはずです。そもそも、「自分のために生きる」ということも、自分さえよければよいという意味ではなく、他人のためになることをすれば自分にも見返りがあるということなのです。それを言葉の表面だけを見て、自分に都合のよい解釈をして使っているにすぎません。

人間社会がコミュニティとして成り立っている以上、自分だけがよい思いをするということ自体があり得ないのです。短期的にはそう見えても、必ずめぐり巡って帳尻が合うようになっています。

他人を認め、理解しようとする姿勢で、他人が喜ぶことを一生懸命やり続ければ、おのずと自分も輝いてきます。男性でも女性でも、外面的にはもちろん、内面的から美しい人になれるでしょう。

それが運転であれ仕事であれ、このものさしからはずれたものは、成功とは言えません。他人から認められ、信頼されることほど、満足感を得られることはありません。他人の存在を無視した自己満足ほど虚しいものはないのです。

POINT

[気配り力 ①]

- 他人を満足させるための工夫を惜しまない
- お客のために何ができるか。常日頃からそのことに心を砕く
- 「ありがとう」は生きる活力になる

5 ツールは使いこなすことが肝心

何事も事前の準備がしっかりしていれば、物事はスムーズに運ぶだけでなく、いざというときにすばやく対策を講じることができます。

運転のうまい人は、道に関しても事前に調べています。自分が詳しい場所なら、問題はありませんが、そうでなければ道路地図やカーナビゲーションシステムを使って、これから走る道順を記憶しているのです。行った先で道に迷って時間をロスすることのないように、準備を怠りません。道を知っていれば、運転にも余裕ができます。道順を調べておくというのは、ドライバーとして重要な要素だと言えるでしょう。

今はたいていのクルマにカーナビがついていますから、その機能を使いこなせれば便利です。カーナビはプログラム上、大きな道をコースとして選択しますから、大都市のようにわき道がたくさんある場所では、ルート選択が遠回りになるケースもあります。そこを頭に入れて使用すればいいでしょう。渋滞情報も便利です。知らない道で、交差点の走行レーンが示されるのは、安全運転に大変有効です。

しかし、重大な欠点もあるのです。それは、人間のもっている「勘」や「記憶力」を退化させてしまうことです。

私自身、東京の地理の知識は、学生時代に二種免許を取り、タクシー運転手をやった経験もあるので、たいていのプロドライバーに負けませんが、最近、面白い現象に気づきました。それは、カーナビを使っていたとき、明らかにナビの誘導が遠回りだったので、そこから自分の考えで行こうと思ったのですが、以前のように頭にルートが浮かんでこないのです。いったん頭がナビに依存すると、すぐにスイッチが入れ替わらないのです。

人の脳は鍛えつづけないと退化してしまいます。筋肉と同じです。便利なツールがどんどん出てきますが、そのことは自覚していたほうがよいのではないでしょうか。

仕事上で、できあがっているものを信用せず、基本は自分の能力で、物事を理解しておく必要があるのです。これがないと、本当は、最新のツールも利点と欠点を把握しないまま使用することになり、そのツールに使われる存在にしか成り得ないのです。ツールを使いこなす存在でいないといけません。

つねに基本を考えてアレンジをしている人は、脳が常に活性化していますので、何事も上達します。

6 準備で成功が決まる

イベントなどでは、よく「準備八割」という言い方をします。これは、イベントをやるにあたってオペレーションを組み立て、それに付随する人やモノを用意することに労力がかかるということです。さらに、シミュレーションにもとづいてリスクを洗い出し、その対策までしておくことで、仕事は八割が完了したに等しいのです。

そこまでできていれば、イベント当日はそのシステムに沿ってオペレーションするだけで、基本的にはうまくいくわけです。トラブルが起きても、シミュレーションで想定していた範囲内に収まれば、何も心配はいりません。

仕事のやり方全般についても、リーダーが、準備段階で精度の高いオペレーションマニュアルを完成させれば、実務はワーカーがそれを利用してやってくれます。さらに、起こり得るトラブルを想定してその対処法を準備しておけば、実務がはじまった段階で、リーダーの仕事はほとんど終わったと言えるでしょう。あとは、そのオペレーションマニュアルをワーカーが遂行しやすいように、評価制度などを整備してやればよいだけです。ひとつの仕事をやる際に、どれだけ準備が大切かということです。

7 品格について

本書では、仕事をうまく運ぶために必要な考え方や方法を、誰でもイメージしやすいクルマの運転に照らして解説してきましたが、最後に総括として、社会のなかで自分がキーマンとして存在するには、何が必要かを考えてみましょう。

その答えを一言で言えば、「品格」ということに行き着きます。最近、この品格という言葉が、たくさん出てきています。女性の品格、大人の品格、会社の品格、国家の品格、派遣の品格などです。これだけ世の中に出てくるということは、社会全体で失われたそれが求められているということなのです。運転者の品格を追求することは、仕事の品格につながりますし、それが会社の品格から社会の品格に結びつくのです。

「品格」とは、礼儀、マナー、モラルなどの総称的な言葉ですが、要するに、相手を尊重すること、相手に敬意を払うことです。自分より年上の人や仕事上の先輩、上司などに、その心が伝わるような言葉遣い、態度、身だしなみなどがあるのです。相手を思いやる心が、品格をつくります。

品格というのは人に備わるものなので、どんなに経済的に恵まれていなくても、品のある人は醸し出される雰囲気が違います。逆に、どんなにお金持ちで、高価なアクセサリーや時計などをしていても、品格の備わっていない人は、すぐに見破れるわけです。

金を得れば天下を取ったかのような品のないお金持ちでも、自分を捨てて、人や社会のために貢献する気持ちをもち、人を思いやる言動をするようになれば、富と教養の両方を得た、誰からも尊敬される品格ある名士になることでしょう。

クルマの運転で、周囲への思いやりを忘れずに自分の技術に磨きをかけていけば、おのずと「品格」も備わり、知らず知らずのうちに仕事場でもその違いが現れてくるでしょう。

仕事はコミュニケーションで成り立っています。独りよがりの仕事がいかに愚かなことか、それに気づくでしょうし、人とのつき合い方が大きく変わるはずです。

昨今、エコドライブがやかましく言われていますが、それは何をどのようにするという具体的なことが重要なのではありません。まずはエコドライブをしよう、エコドライブをしなければならないといった精神が大切なのです。それは、地球人類すべての品格を高める第一歩であり、一人ひとりがおこなわないと実現しないことは明白なのですから。

他人に対して思いやれない人は、リーダーの資格はありませんし、「できる人」には成り得ません。なぜなら、自己本位の考えが潜在的にその人を支配しているので、周囲から本当は尊敬されていないためです。品格を疑われているのです。

POINT

[気配り力 ②]

- 便利なツールに依存しすぎない。自分の能力を磨け
- 備えあれば憂いなし。周到な準備で仕事を成功に導く
- 相手を思いやる心が品格をつくる

【付録】同乗者を満足させる運転テクニック

力を抜いて停まる

同乗者に配慮した運転とは、具体的にはどんなものでしょうか。ここでは、上級者向けのテクニックをいくつか紹介します。

クルマを停めるとき、基本的には誰でもブレーキを踏みます。普通の人が停める場合は、ブレーキの踏み方を加減しながら徐々に速度を落とし、目的の場所に停車させることになります。この停止する瞬間にちょっとしたテクニックがあります。

クルマの速度が落ちてきて、目的の場所に到達した際に、それまでと同じようにブレーキを踏み続けていると、最後にガクンとした揺れを起こします。あまりクルマの運転に慣れていない人に乗せてもらうと、このショックがけっこう大きかったりします。

これは物理的に起こる現象ですから、その原理がわかれば簡単に解消できるのですが、多くのドライバーは、そのような細かなところまで意識がいきません。ハンドルを握っている本人は、意識していないと感じないことなのです。

運転が上手な人のクルマに乗ると、その揺れを感じません。そのドライバーは別に物理を学んだわけではないでしょうが、どうすればショックを感じずにフワッと停められるかを探求した結果なのです。

では、いったいどのようにして揺れを防いでいるのでしょうか。完全停止する寸前にブレーキを踏んでいる足の力を、スッと抜けばいいのです。停まる寸前にガクンと揺れるのは、その段階でブレーキが利きすぎているからです。速度が落ちるにしたがって、徐々に弱い力で間に合うようになります。ですから、停止の寸前に、車が進もうとする力とタイヤの回転を止めようとする力を均衡させることで、プラス・マイナス・ゼロとするのです。

もちろん、ブレーキを緩めすぎると目的の場所を行きすぎることもありますから、そこには微妙な力加減とタイミングが必要です。それを力の均衡を意識して練習によって習得しているのが、上手なドライバーなのです。

なめらかに停まるコツは、次の四つの過程をおこなうことです。

①停止目標を定めると同時にゆっくりアクセルから足を離し、エンジンブレーキで減速する。
②ゆっくりブレーキに足をかけ、落ちつつある減速率を変えないようにブレーキを踏んでいく。
③完全に停止する寸前に、クルマが進もうとする力を感じてそれとイコールのブレーキ力になるようにブレーキを緩め合わせる。
④停止し続けるために、もう一度ブレーキをしっかり踏む。

③の停止の瞬間はブレーキを完全に離しても問題ないはずです。これができれば、揺れをまったく感じることなく、なめらかにクルマを停めることができます。

アクセルは「押す」もの

クルマの運転は「自分はダメだ」と思い込むと上達しません。誰でも、ポイントを押さえればうまくなれます。

　私は自社の運転サービス士に運転の指導をするとき、まずアクセルの操作を教えます。ほとんどの人が、スタート時にブレーキからアクセルに足を移し、いきなり踏み込んでいるのです。一般的にアクセルは踏むものだと思われていますが、これほど一般の人たちが、乗り心地に対して無頓着だとは思いませんでした。今の車は、アクセルレスポンスがよいので、踏む意識でいると初速からの加速感が強すぎて、すぐ足を緩めないと速度が出すぎてしまいます。問題なのは、本人があまり認識できていないことです。できていれば気をつけるのですが、その感覚自体が希薄なので指導しにくく、この踏む感覚を矯正するのがかなり大変なのです。

　どうするかと言うと、アクセルを「押す」感覚に変えてみるのです。これはアクセルが先行した運転から、クルマの動きに合わせる運転に変える方法なのです。

　オートマチック車の場合、ドライブレンジにギヤを入れてブレーキを離せば、クリープ現象で勝手にクルマが少し動き出します。それを身体で感じながら、動き出した速度を後押ししてやる感じで、一定に加速するようペダルを押し込むのです。そうすることで、初速から、等加速度で目標速度へ近づきます。その間、障害がない限り、一定の加速感を維持することです。この方法によりクルマはスムーズな動きをしてくれます。

要するに、波のある加速をするのではなく、等加速度運動でクルマを動かすと、乗り心地がよくなるのです。たとえばクルマを時速四〇キロまで加速するとしましょう。

①ギアはドライブレンジで、ブレーキペダルから、ゆっくり足を剥がす。

②クルマが少し動き出すのを待つ。

③アクセルに足を置き、初速に合わせて一定の加速を保つようにアクセルをゆっくり押し込む。

④時速四〇キロになったら、そのまま押している力を維持し一定速度で走行する。

このように運転すると、必要以上にエンジンを吹かすことがなくなるため、低燃費のエコドライブにつながります。

実際、このアクセルワークは、(財)省エネルギーセンターがおこなったエコドライブの実験数値と一致しています。クリープ現象の走り出しの加速の延長線上で目標の速度に到達するように運転すると、一番燃料の消費が少なくなるという実験データが出ているのです。長時間かけてのろのろと速度を上げるのも、エコの観点から非効率的なのです。物事には何であれ適度というものがあるのです。

この「押す」というアクセルワークは、運転操作という面では非常に足を動かしづらい動作です。つまり、運転しづらいやり方なのです。しかし、この不器用なやり方がクルマの初速を感じ、微妙な変化をとらえるには最適なのです。

性能のよいクルマに乗っていると、ときにはアクセルを思いっきり踏み込みたいという衝動に駆られることもあるでしょう。しかし、地球環境にやさしく、同乗者にもやさしい運転を実践している姿は、かっこいいと思います。

ブレーキはできるだけ踏まない

意外に思われるかもしれませんが、私は自社の運転サービス士に、乗り心地のよい運転を指導する際、街中で「ブレーキを踏むな」と指示して普通に流れに乗る運転をさせます。

ブレーキはクルマを停める装置であり、危険回避の際には真っ先に使用しなければならない重要なものです。しかし、一般の人はブレーキに頼りすぎです。前のクルマのブレーキランプが点灯すると、すぐにブレーキを踏むのです。そして、またすぐアクセルを踏んで加速する。これでは、乗り心地がよいわけがありません。しょっちゅう前後に速度変化しているのですから。

そこで、ブレーキをあえて使うなと言っているのです。もちろん、危険を回避するなどか、クルマを停止するときにも使うなという意味ではありません。正確には「ブレーキを無駄に踏むな」という意味です。

先ほど望ましいアクセルワークの説明をしました。これは、「無駄なアクセルを踏むな」ということに集約されます。ブレーキもそれと同じです。必要以上にブレーキを踏むと、同乗者にも快適な、なめらかな運転にはなりません。

通常の走行時にブレーキを踏むのは、先行車に近づきすぎたり、信号が変わったりして、停止や減速を強いられた場合です。必要以上に速度を上げたり、信号が変わることに気づくのが遅れたりすると、ブレーキに頼らざるを得ない状況になります。逆に、走行中にまわりの状況をきちんと把握できていれば、先行車に近づきすぎることも、信号が変わることに気づくのが遅れることも、大幅に減るはずです。

たとえば、先行車がいるときに十分な車間距離を保っているだけでなく、前方三台の動きを察知しつつ運転して、こちらはアクセルワークだけで、ゆるやかな加速とエンジンブレーキを利用して、安全に追随していくことができるのです。信号も変わるタイミングをはかっていれば、ぎりぎりまでブレーキを使わずにいられるのです。

このように、ブレーキをほとんど使わなくても、クルマを走らせることができます。そもそも、一般の人が信号でもないのにブレーキを踏むのは、それだけオーバースピード気味だからです。ですから、そこに至る加速もなめらかではなかった可能性があります。無駄に加速して無駄に速いと、無駄に減速しなければなりません。ブレーキを踏むことによる無駄はけっこう大きな問題で、エコロジーの観点からも感心できません。

ポンピングブレーキを効果的に使う

アクセルワークだけでまわりのクルマの流れに乗れば、なめらかな加速や減速が可能になります。クルマの動きがスムーズであれば、同乗者にとって安心感があるだけでなく、乗り心地も大変よいのです。さらに、このような運転をするには、まわりの状況をつねに予測しなければならないため、頭の活動も活発になり、情報の取捨選択、分析の精度も上がります。結果として判断に迷うことが少なくなり、適切な決断が下せるようになるのです。

ブレーキの使い方にもコツがあります。ブレーキは極力使わないほうがよいのですが、実際の走行では完全停止をする場面も少なくありません。クルマを停めるときに一番いけないのが急ブレーキです。危険回避のためにはやむを得ないときもありますが、急ブレーキほどまわりに迷惑をかけるブレーキングはありません。

普通に停止するときでも、停止位置のギリギリまでブレーキを踏まないというのは、後続車に対してこちらの意思を適切に伝えていないことになります。かといって、早くから無駄にブレーキを踏むというのもいただけません。そこで、ポンピングブレーキを使うのです。何度かに分けてブレーキングすることで、後続車に停止の意思をはっきり伝えるという意味もあります。

ところが、ここで最初の一踏みから力を入れていたのでは、スムーズな運転になりません。そこで、注目するのがブレーキにある遊びです。この遊びの範囲でペダルを踏んでも、実際にはブレーキが利くほどの力はかかりません。しかし、ブレーキランプは点灯します。この仕組みを利用するのです。

ブレーキペダルを軽く踏んで、ブレーキは作動させずにブレーキランプを点灯させることで、無駄な減速をせずに後続車に注意を促すことができます。もっとも、このときまったくブレーキがかかっていないわけではありません。アクセルから足を離しているので、エンジンブレーキは作動しているからです。

ブレーキを制する者はクルマを制す

クルマの運転をしていて何らかのトラブルに見舞われたとき、そこには必ず原因があります。その原因はひとつとは限りません。いくつかの原因が複合的に絡み合ってトラブルに結びつくケースが多いのです。

たとえば、カーブを曲がりきれずにガードレールに接触した場合、たいていはスピードの出しすぎが原因だと考えられます。たしかに、カーブが曲がれなかった主な原因はオーバースピードかもしれません。しかし本質は、曲がれる速度まで減速していなかったこと、つまりブレーキングが足りなかったことが問題なのです。路面の状態や走行ラインなど、他にも問題はいくつかあるはずですが、それらを含めて、ブレーキングに問題があると考えるのが正解です。

クルマをコントロールする技術上のポイントは、ブレーキコントロールに尽きます。アクセルは、踏めば誰でも速度を出せますが、状況に合わせた最適なブレーキングは難しいのです。レーサーの力の差はここに集約されます。原因がわかったら、同じ過ちをくり返さないための対策を考えます。

かつて、首都高速道路のある地点で、道路が下り坂になっていたのに、側壁が道路と平行の模様で造られていたために、ドライバーが勾配のない道だと誤認するような場所がありました。そのため、自然とクルマの速度が上がってしまい、先行車が減速したときなどに、思ったよりブレーキが利かずに、追突事故が多発していたのです。これに気づいた公団が壁の模様を勾配がわかるように造り直した結果、事故は激減しました。

トラブルやアクシデントはそのことを解決するだけでなく、原因を究明して取り除かなければ、再発を防ぐというところにまで至らないのです。

基本的にクルマの運転で最も難しいのは、状況に応じた最低限かつ必要十分なブレーキングなのです。「ブレーキを制する者はクルマを制す」です。

COLUMN

民間救急搬送事業について

私の会社の仕事をひとつ紹介しましょう。いわゆる民間救急車という事業です。

正しくは「民間患者等搬送事業」と言いますが、寝台や車椅子などを必要とするケガもしくは病気にかかっている人を搬送するという仕事です。国土交通省の管轄で、タクシー事業のなかの限定事業として認可され、運転手は二種免許が必要です。

車両はワンボックスカーが一般的で、基本的にはハイルーフ車を使います。後部はストレッチャーや車椅子が固定できるように改造されていて、介護タクシー（福祉タクシー）と同じ扱いです。私の会社の車には、さらに酸素ボンベやAED、吸引器、点滴架などを常時搭載していて、病院のベッドに寝ている状態のまま、転院先の病院まで搬送できるようになっています。人工呼吸器なども使えますし、搬送中医療行為が必要ならば、看護師や医師も同乗します。

この事業の背景には、消防庁が担う救急搬送の、都市部における慢性的な供給不足があります。これはニュースなどでマスコミに取り上げられたので比較的よく知られた話ですが、都市部では救急車をタクシー代わりに使うという人が非常に多いと言われています。そのため、本当に救急車を必要とする重篤な患者の搬送に支障が出ているのです。

この件について、東京都は、本格的に「緊急搬送トリアージ」を開始しました。これは、救急車の出動要請があった際に現状を専門家が確認し、緊急性がないと思われるケースには他の輸送手段をすすめるというものです。われわれのクルマは、主にこのトリアージによって緊急性がないと判断された方たちの搬送を請け負うのです。しかし、救急車ではありませんから、赤色灯もサイレンもつけられません。基本的に「下り搬送」と呼ばれる、手術などの処置が終わった患者や、容態が落ち着いている緊急性のない患者を運ぶ仕事として認められています。

特殊な業務ですから、運転手が誰でもよいというわけにはいきません。営業者資格として普通二種免許以上、東京消防庁認可に必要な患者搬送士資格が必要なので、それを条件にして募集すると、どうしてもタクシー運転手だった人たちが集まります。

彼らはタクシーを走らせればプロなのかもしれませんが、それは健康な人を乗用車に座らせているときの話です。ですから、研修をして、患者というのは特殊な条件下にある客だとどれだけ説明しても、それを理解しようという姿勢があまり感じられません。クルマを運転することが好きな人は多いのですが、乗客である患者には興味を示しません。運転以外のことは、やりたくない人ばかりです。

二種免許に合格しても、そういう人は、タクシーの運転も満足にできません。なぜなら、お客さまを喜ばせようとか、乗り心地をよくしようなどと思ってもいないからです。東京でよくタクシーを利用しますが、まず運転が上手な人にめぐりあえません。

話がそれましたが、そういう人たちは、研修を受けさせても途中で辞めていきます。そこで募集方針を変えました。仕事はすべて心、気持ち次第ですから、患者の役に立ちたいという気持ちをもった人、介護ヘルパー経験者に的を絞って募集をかけてみたのです。予想通り二種免許を持った人はいませんでしたが、さすがに患者に対する配慮はよくできています。介護を志していただけに、患者に対してはは研究熱心なのです。ところが、今度は運転がいけません。ある人は二種免許の教習所に通って、四〇万円もかけて取ってきたのですが、なんと救急搬送車の右側を二度も擦ってしまったのです。残念ながら、クルマの運転に対する興味は、患者に対するそれよりもかなり低かったようです。バランスのとれた人材を確保するのは難しいのが現状です。

救急車もそうなのですが、われわれのクルマもベースは商用車ですから、乗用車に比べて乗り心地はよくありません。ですから、乗用車のように運転すると、健康な人でも気分が悪くなることもあります。まして、実際に乗るのは病気やケガをしている人です。

ただでさえ丁寧な運転が必要なうえに、ストレッチャーに寝かせていることが多いわけですから、加速やブレーキングの際のg（重力加速度）にも注意を払わなければなりません。進行方向を頭にして寝ていると、軽いブレーキングでも内

COLUMN

臓が胸に上がってくるような負担を与えることになってしまいます。残念ながら、そこまで配慮できるようなクオリティーをもったドライバーはなかなかいないのです。

救急搬送に携わるドライバーには、先々を読んで極力ブレーキを踏まない運転のトレーニングをさせています。停まるときや路面の凸凹にも注意を払います。幸いにも車高は高いので、前方の見通しはかなり良好です。ですから、早めに前方の状況について把握することができます。そこで得た情報をもとに、余裕のある運転をすることで、極力ブレーキを踏まずに走行することができるのです。

さらに注意が必要なのは、高速道路の継ぎ目です。高速道路の継ぎ目を無神経に通過すれば、患者に伝わる振動はかなり大きいものになります。多くの機材を積んでいるため、ポンポン跳ねるようなことはありませんが、大型トラックがつけた轍《わだち》に沿って走ると、削れていない継ぎ目の振動をまともに受けますから、それを避けるため車線の端に寄って極力路面が減っていない部分を走る必要もあるのです。

最近では高速道路の一部に、速度を抑えさせるための凸凹がついているところがあります。一般道でもそんなところがあるようです。なかにはメロディを奏でたり、三三七拍子になっていたりするなど、健康な人なら楽しめるのですが、患者にとってはつらい振動です。われわれは、それだけ神経を使って搬送しているので、少々迷惑なのです。

また、先にも述べたように、私の会社の患者搬送車はさまざまな機材を積んでいるため、車両重量が重くなっています。当然、ブレーキの利きは悪くなりますから、下り坂では細心の注意が必要です。こういった場合、できるだけ早めのブレーキングを心がけ、徐々に減速するようにさせています。

通常の患者搬送が緊急搬送と違うからといって、決してのんびりしたものではありません。

以前、三重から東京まで搬送したある患者は、医師も長距離の搬送に難色を示すほどの重篤な状態でした。ご家族の強い希望でしたので、看護師をつけてバイタルチェックを頻繁におこない、細心の注意を払って搬送してきました。運転は、深夜の長距離を一回の給油休憩だけで運ばなければならなかったため、社員ではなく私がやりました。無事に病院に到着したときは、看護師ともども本当にホッとしたものです。

こうした患者も、日常の業務の中で毎月二、三回は、本州各県との中長距離間で搬送しています。少しでも早く目的地に着くようにするのですが、高速道路はトラックが多く、時速九〇キロのスピードリミッターがついた状態で、急に割り込んでくることがけっこうあります。

こちらは非力なクルマで重い機材を積んでいるので、上り坂では八〇キロまで速度が下がるときもあり、さらに重篤な患者を乗せながら急いでいるわけですから、そうしたトラックの動きを読みながらブレーキングを控えて効率的に走っていかなくてはいけないのです。

患者搬送はなかなか大変な業務なのですが、ご家族から感謝されたときには、大きな達成感を味わうことができます。

あとがき

街中をストレスなくスムーズに走行するためのマネージメント力と、仕事を円滑に進める能力にいたって相関があると感じ始めたのは、大手予備校で十数人の部下たちと仕事を共にするようになった頃からでした。特に、会社を設立し、多くの人を雇い、私のシニアパートナーとして働いた人たちを観てきた結果や、数多くの官庁や企業向けのプロの運転士を養成してきたなかで、気が利く人とそうでない人、どんどんアイデアがでる人とそうでない人、何も指示しなくても準備を怠りなくできる人とそうでない人、報告や連絡を適時できる人とそうでない人などの違いを、クルマの運転に見たのです。顕著なことは、仕事に前向きな人と後ろ向きな人とでは、研修や日常の業務から得る情報量と質においての差が歴然としていることです。私が皆に同じことを伝えても、受けとる側の人たち自身が望んでいなければ、何も吸収できないということです。

吸収できないと仕事上でも消化不良となり、そのうち病気になってしまうのです。それは、本人にとっては、精神的にも肉体的にも、その仕事の継続が苦痛となるでしょう。

忙しく仕事に追われ、周囲のペースに翻弄されている間は、仕事を自分のものにできていません。仕事は、追われるのではなく追うものです。同じ忙しさでもまったく性質を異にします。仕事を次々と追いかけているときは楽しいものです。追いかけるということは、次々に展開される場面を想定して前向きに進めているわけですから、街中をさまざまな車両や人が行き交うなか、動きも滑らかにスイスイと走りぬける感覚と同質なのです。

本書を手にした人には、何事をおこなうときにも、しっかりとした目的意識と向上心を忘れないで取り組んでほしいと思います。何をやっても、向上心がなければ、時間と労力を費やしているだけで、無駄に終わるのです。

私は大学生のとき、多くの人が何回も不合格になる普通二種免許の試験に一回で合格しましたが、その要因は、普通一種免許を取得して以来、基本をくずさず、快適な乗り心地を実現しようといつも意識し、テクニックや地理、道路事情を研究していたからだと思います。また、赤坂のホテルでボーイのアルバイトをしたときでも、ボーイとしてのスマートな振る舞いを研究しました。かっこいいボーイを目指しました。プロとは、どんな分野でもかっこいいものだと思っているからです。

最近では、大型バスの免許を大型一種と二種を連続して一回ずつで合格しました。普段大型車に乗る機会がないので、路線バスに乗って運転手のすぐ脇に立ち、ハンドルを切るタイミングを研究しました。ですから、試験の前に二時間ほど教習所でバスを動かしたときも、違和感はありませんでした。また、趣味でラリーやダートトライアルという山の未舗装の林道などを走る自動車競技（公道使用許可を取ります）をやっているため、クラッチ操作に問題がなかったのも、スムーズに合格した一因かもしれません。

このように、その時々で何事にも前向きに向かう姿勢は、必ず将来の成果を生むのです。クルマの運転が好きな私が、今ではプロの運転士を指導する立場となりましたが、一見関係のない歌舞伎の世界での二年間で得た素養もどこかに活きていると思いますし、これまでのすべての経験が、今の私をバックアップしてくれているように感じています。

本書は、私の経験則をもとに、仕事に対する考え方を読み物にしました。マニュアル本は、また別の機会にと思いますが、ビジネスマンでクルマの運転をする読者なら、ご理解いただける点も多いのではないかと思います。読者の皆さんが、会社をはじめ、さまざまなコミュニティで必要とされる、思いやりあふれる人材となり、社会貢献されることを期待し、交通安全、環境にやさしい運転をしていただけることを望んでいます。

吉谷 始展 （よしたに もとのぶ）
Motonobu Yoshitani

昭和29年、東京都生まれ。中央大学経済学部卒業。在学中2年間、国立劇場歌舞伎俳優養成所の研修生となる（第5期）。

昭和55年より、代々木ゼミナール、日本入試センター企画課長を経て、平成2年、有限会社アペックスを設立（現株式会社アペックス）。代表取締役社長となり、自家用自動車管理業、ビル清掃管理事業を開始。平成11年、株式会社エーアンドディコンサルティングを設立。代表取締役社長を兼務し、プロ運転士向け教育事業、車両運用コンサルティング事業を開始。平成17年、民間救急事業部を株式会社アペックス内に併設。

平成19年より、社団法人日本自家用自動車管理業協会研修委員長として、業界の資質の向上に取り組むとともに、東京中央ロータリークラブ会員として社会奉仕活動にも力を注いでいる。また、以下の資格を有し、JAF公認レース（ラリー競技など）に出場するなど、現役のプロドライバーとして技術の研鑽も忘れていない。

東京消防庁認定患者搬送士
大型自動車第2種免許
自動車競技者：国内A級ライセンス
自動車競技公認審判：国内B

ホームページURL http://www.apex-corp.co.jp/

クルマの運転から学べる
誰も教えてくれない仕事術

2008年3月17日　第1刷発行

著者　吉谷始展

発行者　阿部黄瀬

発行所　株式会社 教育評論社

〒103-0001　東京都中央区日本橋小伝馬町2-5　FKビル
TEL. 03-3664-5851　FAX. 03-3664-5816
http://www.kyohyo.co.jp

印刷製本　萩原印刷株式会社

ISBN 978-4-905706-26-7　C0034

定価はカバーに表示してあります。

落丁・乱丁本は弊社負担でお取り替えいたします。